Whinfartz,
77

HEIDELBERGER FACHBÜCHER

Poppelreuter's
‚Arbeitspsychologische Leitsätze'
in neuer Bearbeitung

3. Auflage mit Erläuterungen und Ergänzungen
anhand der neuesten Erkenntnisse

von Dr. Eugen Oberhoff

I. H. Sauer-Verlag · Heidelberg

© 1972, I. H. Sauer-Verlag GmbH Heidelberg
ISBN 3-7938-7474-5
Gesamtherstellung: Decker & Wilhelm, Heusenstamm bei Offenbach
Umschlagentwurf: Christoph Petersen

Inhaltsverzeichnis

4 Die besonderen arbeitspsychologischen Voraussetzungen für erfolgreiche Arbeit des
Arbeitsstudienmannes

Vorwort des Bearbeiters zur 1. und 2. Auflage der Neubearbeitung

Professor Dr. phil. et Dr. med. Walter Poppelreuter hat in dem 1929 erschienenen Buch »Arbeitspsychologische Leitsätze für den Zeitnehmer« die Richtung gewiesen für die Entwicklung der Zeit- und Arbeitsstudie. Die Stoppuhr hätte ein gefährliches Instrument in der Hand des »Stoppers« werden können, wenn die Zeitnehmer nicht dank Poppelreuters und Organisationen wie REFA u. a. zu dem Wissen gelangten, daß sie es mit Menschen und nicht mit Robotern zu tun haben.

Die »Arbeitspsychologischen Leitsätze für den Zeitnehmer« waren mehr als nur Leitsätze für den Zeitnehmer, sie waren Leitsätze für ein Zeitgeschehen. Das erklärt die noch heute sehr große Nachfrage nach dem schon lange vergriffenen Buch.

Das, was dem Werk so großen Erfolg eingebracht hatte, war außer der Originalität der Gedanken zu der damaligen Zeit auch der Stil, von dem Poppelreuter selbst in seinem Vorwort sagte: »Vortrag mit gekürzter Redezeit — einprägsame ,commonsense'-Form«. Es sprach den Mann an der Werkbank geradeso an, wie den Gelehrten oder den Ingenieur.

Es wäre deshalb vermessen, wollte man an dem Stil grundsätzlich etwas ändern. Der Bearbeiter hat sich daher bei der Neufassung auf vier Gesichtspunkte beschränkt:

1. Er gab den vielen mehr oder weniger willkürlich aneinandergereihten Kapiteln eine Systematik. Der Bearbeiter war dazu deshalb in der Lage, weil er als Assistent von Poppelreuter die Entstehung der »Leitsätze« miterlebt hatte und in vielen Diskussionen erfahren konnte, wie dieser nicht schlechthin »ein Buch« schreiben, sondern der jungen Generation aus der Fülle seiner Gedanken die Erfahrung des reifen (und genialen) Mannes darbieten wollte.

2. Er mußte entweder inzwischen Überholtes fortlassen oder den Text der Originalfassung erläutern, wenn es ihm richtig erschien, den damaligen Kenntnisstand durch Beibehaltung der Ausführungen Poppelreuters vor Augen führen. Darüber hinaus sind die neuesten Erkenntnisse insbesondere auf dem Gebiet der Ergonomie in der vorliegenden 2. Auflage der Neubearbeitung verwertet worden.

3. Arbeitsbewertung, »human relations«, Methoden der Unterweisung dienen in neuerer Zeit der Menschenführung und

dem sozialen Frieden im Betrieb noch stärker als zu Poppelreuters Zeiten. Hier überschneiden sich die Aufgaben des Zeitnehmers im engeren Sinne mit den Aufgaben der Betriebsführung. Der ursprüngliche Titel des Poppelreuter-Buches mit der Verwendung des Begriffs »Zeitnehmer« führte — allerdings irrtümlich — zu der Meinung, daß die »Arbeitspsychologischen Leitsätze« nur den Zeitnehmer als reinen Zeit- und Arbeitsstudienmann belehren wollten.

Durch Verzicht auf den Begriff »Zeitnehmer« im Titel der Neubearbeitung wurde die irrtümliche Einschränkung beseitigt. Auch die Aufnahme neuer Kapitel rechtfertigt die Ausdehnung der »Leitsätze« auf alle Persönlichkeiten, die sich für Menschenführung im Betrieb verantwortlich fühlen.

4. Einige Redensarten und »Spitzen« wurden abgewandelt, die bei denen, die Poppelreuter persönlich sehr gut gekannt haben, wohl ein Schmunzeln erzeugen würden, aber von anderen heute nicht mehr verstanden werden.

Die Voraussetzungen, von denen Poppelreuter ausging, sind zum Teil heute überholt; viele seiner Wünsche sind erfüllt worden, zumal insofern, als das Arbeits- und Zeitstudium sich in den letzten 40 Jahren zu einer Methodenlehre innerhalb der seitdem entstandenen oder gewachsenen Arbeitswissenschaft entwickelt hat. Wir brauchen nur daran zu denken, daß das REFA-Buch jetzt den Titel »Methodenlehre des Arbeitsstudiums« trägt, und daß die Arbeitswissenschaft heute an den Technischen Hochschulen Aachen, Berlin, Darmstadt, Hamburg und München Teil des Studienplanes und Prüfungsfach ist.

Poppelreuter war zwar ein Mann umfassenden Horizontes mit stark ausgeprägtem Sinn für Technik, aber eben Arzt und Psychologe und kein Ingenieur — er konnte insofern nicht die Sprache des Ingenieurs sprechen. Dennoch mindern gewisse Einseitigkeiten oder Eigenwilligkeiten in Poppelreuters Darstellung nichts an der Tatsache, daß er mit großartiger Intuition Entwicklungen vorausgesehen und gefordert hat, die sich tatsächlich angebahnt haben und uns auch heute noch beschäftigen.

Über allen Gesichtspunkten aber, von denen sich der Bearbeiter der Neuauflage leiten ließ, liegt der Wunsch, die Persönlichkeit Poppelreuters so bestehen zu lassen, wie sie sich seinen Zeitgenossen lebendig und der späteren Generation in seinen Werken offenbart.

Köln, Juni 1972

Vorwort des Verfassers der Originalausgabe

Diese Schrift wendet sich weniger an die praktischen Psychologen, die Psychotechniker, als an die Ingenieure, Betriebsbeamten und R E F A -Männer, die sich mit der Arbeits- und Zeitstudie beziehungsweise mit der Arbeitsrationalisierung zu befassen haben.

Daß ich als Nicht-Ingenieur besonders mit dem »Mißtrauen des Praktikers gegen die Theorie« zu kämpfen haben werde, ist mir ganz klar. Zumeist hat der in der Praxis stehende Ingenieur Aufgaben vor sich, die er in den nächsten Wochen und Monaten zu Ende bringen soll; es beherrschen ihn die Verhältnisse seines Betriebes; die Fülle der Aufgaben und die Schwierigkeiten, die ihm da schon entgegentreten, bringen ihn ganz natürlich dazu, sich gegen die Theorie abzusperren.

Und doch ist es beklagenswert, daß gerade die Ingenieure, die mehr als andere Berufe Entwicklungsträger unserer Zeit sind, allzu häufig zu Sklaven ihrer Spezialaufgaben werden, daß sie, in oft zu bewundernder Selbstlosigkeit, dem einzelnen technischen Erfolge dienend, den Blick für die tieferen Zusammenhänge mehr oder weniger verloren haben, wie man ja auch an dem Umstand ersieht, daß sie im sogenannten »öffentlichen Leben« oft nicht die ihnen eigentlich gebührende Rolle spielen.

Leider ist es auch Schuld unserer gegenwärtigen, so überwiegend auf das eng Fachliche gestellten Ingenieurausbildung, daß die Ingenieure so sehr dazu neigen, sich auf die Lösung der unmittelbar vor ihnen liegenden praktischen Aufgaben einzuengen.

Es fragt sich aber, ob auch der praktische Erfolg dem Ingenieur den Lohn für seine Einengung gibt. Das verneine ich entschieden: Im Gegenteil, es liegt beinahe eine gewisse Tragik darin, daß auch der große praktische Erfolg weniger den Ingenieuren zufällt, die sich hundertprozentig ihren Spezialaufgaben hingeben, als denen, die, wenn auch unter energischem Betreiben des konkreten Einzelnen, sich den Blick für größere Zusammenhänge freizuhalten verstehen.

Ich freue mich, unter meinen Schülern eine Anzahl von Ingenieuren zu haben, bei denen der Erfolg ihres Arbeitens in der Praxis die Richtigkeit meiner Ausbildungstendenz bestätigte, sie stets und immer wieder von neuem darauf hinzuweisen, daß es sich auch bei der Betriebswissenschaft in erster Linie um die Erfassung der tieferen gesetzmäßigen Zusammenhänge handelt, aus denen sich dann die Erledigung der speziellen Aufgaben oft mühelos von selbst ergibt.

Der Ingenieur ist überwiegend »objektiv« eingestellt; das ist seine Stärke bei den Arbeiten im Laboratorium, im Büro, am Reißbrett. Es ist aber seine Schwäche, wenn er als Betriebsleiter und ganz besonders als Zeitstudien-Ingenieur mit dem arbeitenden Menschen und menschlichen Einrichtungen zu tun hat.

Die Arbeits- und Zeitstudie — so alt sie auch seit Taylor schon ist — gewinnt erst jetzt, wo der wirtschaftliche Zwang dahinter steht, die breite Ausdehnung, wird damit eigentlich erst jetzt auch zum sozialen Problem.

Nur dann, wenn die Arbeits- und Zeitstudie mit wissenschaftlichem Geiste und psychologischem Verständnis vorgenommen und — was noch wichtiger ist — nutzbar gemacht wird, kann vermieden werden, daß sie die Kluft zwischen Arbeitgebern und Arbeitnehmern, die Schwäche unserer Zeit, noch weiterhin verbreitert, statt, wie dies durchaus möglich ist, sie zu verschmälern.

Gewiß wäre es besser, wenn es eine allgemeine »Arbeitspsychologie für Ingenieure und Betriebsbeamte« gäbe, die dann als ein viel breiteres Fundament vielleicht das allermeiste meiner Ausführungen überflüssig machen würde. Ich gestehe auch, lange die Absicht gehegt zu haben, ein solches Buch zu schreiben. Ich bin aber davon abgekommen, weil ich die Erfahrung gemacht habe, daß der Praktiker vorläufig noch gar nicht daran denkt, die Arbeitspsychologie, so wie etwa die Physik, als eine Grundwissenschaft anzuerkennen. Er kann erst nach und nach dazu gebracht werden, gewissermaßen durch das Erleben der Theorie am eigenen Leibe, das heißt an einzelnen Erfolgen in der Praxis. Auch die Universitäten und technischen Hochschulen gehen seither nur zögernd an die Errichtung von Lehrstühlen mit arbeitspsychologisch-betriebswissenschaftlichen Aufgaben heran.

Meine Leitsätze erheben keinen Anspruch auf Vollständigkeit. Lücken sind vor allem dadurch entstanden, daß Themen, die in bezug auf fachliche arbeitspsychologische und psychotechnische Theorien zu große Ansprüche an den Ingenieur stellen, herausgelassen wurden.

Ferner sind auch die meisten der arbeitspsychologischen

Darlegungen, die in der üblichen Literatur ausführlich und gut dargestellt sind, in dieser Arbeit unerwähnt geblieben. Die stete Wiederholung derselben Dinge in einer Vielheit von Büchern wollen wir doch vorläufig noch den Wissenschaften überlassen, die mit der Forderung der Rationalisierung weniger in Berührung gekommen sind.

Noch einige Worte über meine Art der Darstellung. Sie ist in erster Linie bestimmt von dem Wunsche, in breiteren Kreisen gelesen zu werden. Ich habe daher zumeist auf den Stil der »wissenschaftlichen Abhandlung« verzichtet und den des »Vortrags mit gekürzter Redezeit« gewählt. Absichtlich ist, wo irgend möglich, die einprägsame »commonsense«-Form gewählt.

Der erfahrene Leser wird selbst herausfühlen, daß sich über viele Themen, die unter einem Leitsatz auf nur wenigen Seiten abgehandelt sind, jedesmal hätte ein Buch schreiben lassen, wenn man das ganze Material, das Literatur und jahrelange Erfahrung aufhäufte, gebracht hätte.

Wenn zwischendurch einzelnes genauer geschildert wird, so soll dies die Wirkung des »Beispielhaften« haben und die Monotonie des »allgemein Prinzipiellen« unterbrechen.

Ich habe lange geschwankt, ob ich aus dem Titel das Wort »Zeitnehmer« herausnehmen und durch »Rationalisierungs-Ingenieur«, »Rationalisierungsbeamter« oder »Arbeits-Organisator« oder ähnliches ersetzen sollte. Ich habe aber das Wort beibehalten, weil es ja nun einmal schon eingebürgert ist.

In der Praxis findet man als »Zeitnehmer« bezeichnet den »R E F A -Mann«, »R E F A -Ingenieur«, den Vorarbeiter, dem man die Stoppuhr in die Hand gedrückt, den Werkmeister, der einen R E F A -Kurs mitgemacht hat, und den betriebswissenschaftlich vorgebildeten Rationalisierungs-Ingenieur, den Stückzeitrechner, Arbeitsgestalter, Arbeitsbewerter und den Arbeitsvorbereiter. Aber auch Kaufleute, Kalkulatoren, Auftrags- und Terminplaner, Disponenten und Angestellte des Lohnbüros und andere treten zumeist als »autodidaktische« Zeitnehmer auf.

Ich bin kein Freund fachlichen Hochmutes und bestreite nur demjenigen das Recht, sich als Zeitnehmer zu bezeichnen, der keine Zeitstudien machen kann. Ob es sich hier um einen Diplom-Ingenieur oder um einen Arbeiter handelt, ist ziemlich gleichgültig. Nur das eine soll scharf gesagt werden:

Zeitnehmen ist nicht einfache »Fertigkeit«, die man sich so nebenbei aneignet, sondern schon heute eine hochgetriebene spezialistische Methodik, die ein ernsthaftes Studium voraussetzt.

Bekommt das Wort diesen Sinn, dann wird man Leute, die nur eben etwa zu Kalkulationszwecken oder aber als Helfer von Zeitnehmern »zeitnehmen«, nicht als Zeitnehmer bezeichnen, genauso wenig, wie man den Krankenwärter als Arzt bezeichnet, obwohl er auch ärztliche Dinge tut.

Für Referenten: D i e   Ü b e r s c h r i f t e n   d e c k e n   d e n Inhalt   nur   teilweise;   man   muß   also   schon   das Ganze   durchlesen.

Bonn und Aachen, April 1929

1 Die menschliche Arbeit als Methode

1.1 Die Natur des Menschen widerstrebt der Rationalisierung

Wenn junge Zeitstudien-Ingenieure neu in einen Betrieb eintreten, kommt es häufig vor, daß sie im Eifer, ihr Können zu beweisen, über das Ziel hinausschießen. Sie beschränken sich nicht darauf, Vorschläge für Verbesserungen zu machen, sondern geben ihrer Verwunderung darüber Ausdruck, daß sie überhaupt eine »derartige Unvollkommenheit« der Werkstattorganisation, der Arbeitsplatzgestaltung und so weiter anträfen. Sie empfinden das demnach als etwas »Ungehöriges«, nicht Richtiges, Anomales und halten den rationalisierten Zustand für den natürlichen, richtigen, normalen.

Es ist äußerst wichtig für den Rationalisierungs-Ingenieur, sich klarzumachen, daß die Dinge genau u m g e k e h r t liegen.

Es liegt n i c h t in der N a t u r d e s M e n s c h e n, seine Arbeiten mit Bezug auf den o p t i m a l e n W i r k u n g s - g r a d zu tun; rationelles Arbeiten ist dem Menschen »wesensfremd«. *Rationelles Arbeiten ist erst das Produkt ausdrücklicher, unter Umständen mühsamer Disziplinierung,* ja letzten Endes erst das Ergebnis einer zivilisatorischen Entwicklung des letzten Jahrhunderts; also keineswegs »angeboren«, »natürlich«. Das Wort »rationell« = vernünftig könnte zu der Meinung führen, daß bei vernünftigen Menschen die rationellen Methoden von selbst gewählt würden. Tatsächlich entscheidet aber für das Verhalten der Menschen in erster Linie das ursprünglich Triebhafte.

Wie bei Kindern und Naturvölkern verdrängt nur der Zwang einer bestimmten Situation das Triebhafte. Die rationalisierte Form der Arbeit ist also die »unnatürliche« Form, und die Aufgabe, die man sich bei Rationalisierungsmaßnahmen stellt, muß daher unter anderem lauten: Rationalisierung durch planmäßige Überwindung der in der Natur des Menschen liegenden Faktoren, um einen erhöhten Wirkungsgrad herbeizuführen.

Man mag geneigt sein zu kritisieren, daß die Gruppe der fünf Hilfsarbeiter, die an eine Bodenarbeit gestellt sind, der Versuchung unterliegt, einen erheblichen Teil ihrer Arbeitszeit damit auszufüllen, sich zu unterhalten, sich zwischendurch hinzusetzen, einen Schlager gemeinsam zu pfeifen, zu rauchen und dann auch mal zu schaufeln. Es ist dies aber das natürliche Verhalten, und zwar deshalb, weil die normalen menschlichen Gemeinschaftstriebe o h n e a u s d r ü c k - l i c h e G e g e n w i r k u n g sich so entfalten müssen.

Auch wir verhalten uns doch so, wenn unmittelbarer Zwang fehlt. Ich nehme nur als Beispiel diejenige Arbeit, die sich in großen Betrieben in der Form abspielt, daß sich die Angestellten gegenseitig antelefonieren oder besuchen. Wir wollen uns doch nichts vormachen: Daß dabei ein ganz erheblicher Teil der Zeit durch »unrationelles Geplauder« und so weiter draufgeht, ist Tatsache. Auch bei der einsamen, ohne die Anwesenheit von Kollegen vor sich gehenden Arbeit ist, sobald die Arbeit eine Persönlichkeitsentfaltung nicht verlangt, die unrationelle Ausführung schlechthin die natürliche und gegebene. Es sind ganz erheblich große Unterbrechungen, die auch jede einsam geleistete Arbeit dadurch erleidet, daß das Individuum sich mit abschweifenden Gedanken und nicht mit der vorliegenden Arbeit beschäftigt. Untersuchungen darüber haben zu ganz erstaunlichen Prozentzahlen geführt; es wäre für den Leser nicht uninteressant, solche Zeiten mit der Uhr zu nehmen, wenn er eine geistige Arbeit erledigt.

In e r s t e r L i n i e ist der Mensch M e n s c h , und in zweiter Linie erst A r b e i t e r . Das gilt für die niederen und die höchsten Berufe in gleicher Weise. Nur bei den ganz seltenen künstlerischen Berufen und den Berufsfanatikern, auch ein seltener Typus, überwiegt zeitweise der »Arbeiter«.

Nur durch diese Erkenntnis wird von vornherein klargestellt, wie ungeheuer groß die individuellen menschlichen Schwierigkeiten sind, die es bei der Rationalisierung zu überwinden gilt.

Wir können die Menschen, so wie sie nun einmal sind, ihrem innersten Wesenskern nach genauso wenig ändern, wie die äußeren Naturkräfte. Wir können nur zum Ziel kommen, wenn wir es in klarer Erkenntnis der gesetzmäßigen Wesenserfassung des Menschen verstehen, diese Gesetzmäßigkeiten für unsere Zwecke zu verwenden. Daraus schon sieht man, daß für den Rationalisierungs-Ingenieur das erste Erfordernis das psychologische Verständnis der Natur des arbeitenden Menschen ist. Genau so, wie der Tierbändiger nur deshalb die »Natur des Tieres besiegt« und es seinem Willen unterwirft, weil er das »Wesen« des Tieres ganz genau kennengelernt hat.

Wie ich mich unzählige Male überzeugt habe, ist der ursächliche Kern des Fehlschlages von Rationalisierungsmaßnahmen die mangelnde Berücksichtigung des fundamentalen Satzes vom Widerstreben der menschlichen Natur gegenüber der Rationalisierung.

Im Gegensatz zu früher ist die moderne, biologisch beeinflußte Psychologie mehr und mehr zu der Erkenntnis gekommen, daß es sich bei Wesensäußerungen des Menschen sehr viel weniger um erworbene, gelernte Funktionen und Beeinflussungen durch die menschliche und dingliche Umwelt handelt, als um Wesensentfaltung ursprünglicher Konstitution, die wir als Erbgut auf die Welt bringen. *Der Mensch ist in erster Linie so, wie er von seinen Vorfahren her veranlangt ist und nur zum kleinen Teil so, wie er durch seine Umwelt, Erziehung und so weiter geworden ist.*

Wir wissen, daß sich die Natur der organischen Wesen nur in ungeheuren Zeiträumen ganz allmählich verändert. Man kann ruhig behaupten, daß sich der heutige, moderne Mensch von dem der Zeit um Christi Geburt konstitutionell nur minimal unterscheidet. In ganz anderem Tempo aber ist, zumal in den letzten Jahrzehnten, die technisch-wirtschaftliche Entwicklung in der Veränderung der Umwelt verlaufen, so daß in der heutigen Zeit ein Widerspruch gegeben ist zwischen dem »naturhaften« Menschen, wie er leiblich-seelisch noch ist, und dem »zivilisatorischen« Menschen des wirtschaftlich-technischen Zeitalters. Dadurch gewinnt der Gegensatz Kultur — Zivilisation erst recht seine tiefe menschliche Bedeutung.

Gerade wenn man das berücksichtigt, hat man mit praktischen Maßnahmen Erfolg.

1.2 Der Anreiz, spontan Mängel zu beseitigen, ist viel geringer als die Duldsamkeit, mit der man sie hinnimmt

Es gehört nach dieser Aussage viel mehr Kraft dazu, ungünstige Verhältnisse zu bessern, als ihre Ungunst ständig zu erdulden. Man wird diesen Satz schon bestätigt finden, wenn man einmal vorurteilslos sich selbst beobachtet. Leicht wird man dann Feststellungen machen, wie etwa die folgenden:

Das Haustürschloß ist nicht ganz in Ordnung, es »steckt« sich. Man muß eine Zeitlang mit dem Schlüssel hin und her wackeln, um es richtig aufzuschließen. Gibt man nach dem dritten oder vierten Male, seit dieser Mangel festgestellt ist, den Auftrag, das Schloß nachzusehen? Nein! Es gibt solche Schlösser, die jahrelang unrepariert bleiben!

Es ist oft ärgerlich, daß der Korkenzieher verlegt ist; monatelang wird er »häufig gesucht«. Wie lange dauert es, bis man sich entschließt, ihn an ein Kettchen zu legen und dieses am Büffet oder sonstwie zu befestigen, womit das Suchen natürlich aufhört!

Mit der Lesebrille ist es ähnlich: »Hat jemand meine Brille gesehen?«, ist oft und oft zu hören. Nur wer das Suchen endlich leid ist, hängt sie sich um den Hals.

Ein Stuhlbein hat eine rauhe Stelle oder gar einen kleinen Splitter; schon mancher Strumpf hat eine Laufmasche davon erhalten. Wie oft sagt man: »Vorsicht! An diesem Stuhl kannst Du Dir den Strumpf zerreißen«, ehe man den Stuhl in Ordnung bringt.

Das Bügeleisen wird manchmal nicht richtig warm, oder die Stehlampe flackert; vielleicht liegt ein Wackelkontakt vor. Wie oft klopft man gegen den Gegenstand, bis ein Kurzschluß kurzen Schluß mit dem Übelstand macht.

Eine Tür springt bei jedem Luftzug »von selbst« auf; immer wieder erhebt man sich von seinem Sessel, geht zur Tür und schließt sie, wobei man auf die Tür oder den Wind schimpft. Ein paar Feilenstriche am Schloß oder eine Unterlegscheibe an der Türangel anzubringen kostet offenbar mehr Überwindung, als die ständige Unterbrechung der Beschäftigung oder der Muße.

Ist es nun im Betrieb anders? Nein, das gleiche Verhalten findet sich auch dort. Die Feile bleibt nicht fest im Feilenheft, der Arbeiter stößt sie zwei-, dreimal auf die Werkbank auf, feilt wieder, bis sie sich wieder löst, klopft sie fest, arbeitet, das Heft löst sich und so fort. Jedesmal verliert der Arbeiter zwei bis drei Sekunden. Das macht er 50mal, ehe er eine wirkliche Reparatur vornimmt, die den Schaden heilt.

An einer Maschine wird durch die Erschütterung aus technischem Mangel in regelmäßigem Abstand die Abstellvorrichtung betätigt, ohne daß der Arbeitsprozeß dies erforderlich macht. Der Arbeiter, der mehrere Maschinen zu bedienen hat, verläßt jedesmal die, an der er gerade steht, rückt die zum Stillstand gekommene mit einem Handgriff wieder ein und wendet sich wieder einer anderen Maschine zu. Wie oft geschieht das wohl, bis endlich einmal ein Mechaniker das Übel beseitigt?

An der Spinnmaschine bringt eine bestimmte Spindel immer wieder Fadenbrüche hervor, während andere Fadenbrüche sich ohne Gesetzmäßigkeit auf die vielen anderen Spindeln verteilen. Die Spinnerin hat diese Erscheinung natürlich längst erkannt, aber es können Wochen vergehen, ehe sie das meldet oder selbst der Ursache auf den Grund geht.

Diesen Vorfällen liegt eine psychologische Tatsache zugrunde, die man so erläutern kann: *Ist eine Aufgabe einmal gelöst, so besteht die Tendenz, sich nicht mehr mit ihr zu befassen.* Das heißt also: Hat man das Schloß aufgeschlossen, hat man den Korkenzieher, nachdem man ihn gesucht hat, gefunden, hat man die Feile wieder festgemacht, den Fadenbruch behoben, so ist damit in der Regel zunächst der Anreiz zum Handeln hinlänglich erschöpft.

In der Praxis unterscheidet man zwei Arten von Willenshandlungen: Einerseits die jeweils aufgedrängte, das heißt die Aufgabe wird aus der Situation heraus dem Menschen zur Lösung angeboten: Die Flasche soll entkorkt werden und der Korkenzieher ist nicht da. Andererseits die rein spontane Willenshandlung: Es soll durch eine in die Zukunft wirkende Maßnahme für die endgültige Abstellung eines Mißstandes gesorgt werden.

Untersucht man, so kann man feststellen, daß die zweite Form der Willenshandlung, die spontane, gegenüber der ersteren etwas Seltenes ist, so selten, daß man beinahe sagen könnte, sie trete nur bei dazu begabten Personen auf (das ist natürlich nur im großen und ganzen zu verstehen).

Auch in der Literatur und in Diskussionen sowie im Erfahrungsaustausch zwischen Praktikern stößt man oft auf diesen

»Pessimismus« in bezug auf die der Rationalisierung wider-
strebende »Natur des Menschen«. Die Nutzanwendung sollte
aber die sein, nicht die Menschen zu e r m a h n e n , Mängel
g l e i c h zu beseitigen oder gar sie dafür »verantwortlich zu
machen«, sondern: Arbeitsmängel sind ganz natürliche,
selbstverständliche Vorkommnisse der freien ungebundenen
Arbeitsweise. Will man sie beseitigen, so kann dies nur
durch Eingreifen einer übergeordneten Instanz geschehen, die
gemäß ausdrücklicher Anweisung für die Behebung von Mängeln zu sorgen hat, oder durch Darbietung von Motiven, die
der geschilderten psychologischen Verhaltensweise des
Menschen gegenüber Mängeln entgegenwirken.

1.3 Fähigkeit und Antrieb des Menschen, Arbeiten ökonomisch zu verrichten, sind gering

Arbeit ökonomisch verrichten heißt, sie mit einem Minimum
an Zeit und Kraft leisten, ohne daß schädliche Nebenfolgen
eintreten.

Es ist nun eine weitverbreitete Meinung, daß der Mensch
»auf Zweckmäßigkeit hin« organisiert wäre, also eigentlich
selbst »instinktiv«, »gefühlsmäßig« so arbeiten würde, wie es
am zweckmäßigsten ist. Die Wissenschaft aber zeigt uns, daß
sich ein solcher Satz keinesfalls verallgemeinern läßt. Einerseits finden wir unzweifelhaft häufig ein erfolgreiches Streben nach »Zweckmäßigkeit«; bei sehr vielen Dingen ist dies
dagegen nicht festzustellen; es muß also in jedem einzelnen
Fall ermittelt werden.

Es ist selbstverständlich, daß für unseren Zusammenhang die
n e g a t i v e Seite am wichtigsten ist.

Schon einfache Beobachtung läßt bei Arbeitsverrichtungen
eine N e i g u n g z u m U n ö k o n o m i s c h e n erkennen.

Bekannt ist, daß s t a t i s c h e A r b e i t , wie etwa das
Hochhalten des erhobenen Armes, das Halten einer Last und
so weiter, unökonomisch ist, da ja dem praktischen Erfolg
nach »Arbeit« nicht geleistet wird, wohl aber der Organis-
mus Nahrung »verbraucht«. T a y l o r hat, obwohl er die
wissenschaftlichen Zusammenhänge nicht durchschaute,
einen Teil seiner Erfolge dem Beseitigen statischer Arbeit,

zum Beispiel beim Verladen von Roheisenmasseln, zu verdanken[1].

Man beobachte einmal die Menschen: Soll man im Laden bezahlen, so hat man das Geldstück in der Hand und hält den Arm freischwebend, schon lange ehe der Verkäufer mit dem Verpacken fertig ist, natürlich eine ermüdende Geste. Wie viele Reisende kann man sehen, die schon Minuten vor dem Einlaufen des Zuges den schweren Koffer tragend halten! An der Theatergarderobe sieht man, wie sich die Hände mit der Garderobenmarke schwebend vorstrecken, obwohl dies nicht etwa den Sinn hat, die Garderobefrau, während sie zwischen den Ständern verschwunden ist, aufmerksam zu machen. Ebenso beobachtet man, etwa beim Einspannen eines Stükkes in die Drehbank, daß der Dreher mit der linken Hand das Futter aufschraubt und während dieser ganzen Zeit schon das mit der rechten Hand ergriffene, unter Umständen gar nicht einmal so leichte Werkstück schwebend hält.

Ein weiteres Beispiel ist die Seltenheit mit der man die B ü c k b e w e g u n g durch das H o c k e n ersetzt. Bücken ist ein Beugen des Oberkörpers bei mehr oder weniger gestrecktem Knie. Das bedingt, wie ich schon vor Jahren durch Registrierung des Gehirnvolumens bei Schädelschüssen nachgewiesen habe, eine deutliche Blutkreislauferschwerung, Atembehinderung und so weiter, die sich bei Disponierten, besonders bei älteren Leuten, deutlich in Kongestionen und folgender Blässe äußert.

Demgegenüber aber steht das H o c k e n , wobei der Oberkörper an sich gestreckt beziehungsweise nur leicht gebeugt ist, die Schenkel stark gebogen sind, unter Umständen das Schwergewicht des Körpers auf den Hacken ruht. Im ganzen ist also das Hocken eine sehr viel mühelosere und ökonomischere Körperhaltung als Bücken. Wir finden auf dem Lande, daß schwangere Frauen noch bis in die letzten Monate hinein Feldarbeit leisten, indem sie durchweg Bücken durch Hocken ersetzen.

Untersuchungen in deutschen Gießereien zeigten nun, daß die Leute sich durchweg b ü c k t e n und nicht h o c k t e n , obwohl Versuche ergaben, daß die nötigen Arbeitshantierungen im Hocken sogar besser verrichtet werden konnten als

---

1 *Der Bearbeiter:* Auf die bedeutenden Arbeiten von G i l b r e t h über das Bewegungs- und Ermüdungsstudium und auch auf die des Schweizer Privatdozenten F o r n a l l a z sei hier verwiesen.

im Bücken. Mir wurde berichtet, daß in belgischen Gießereien ganz allgemein das Hocken eingebürgert sei anstelle
des Bückens. Ich habe leider darüber keine genaueren Unterlagen erhalten können. Dagegen muß festgestellt werden,
daß auch heute noch in deutschen Gießereien Meister vorhanden sind, die das Hocken oder gar Sitzen zum Beispiel
beim Einsetzen der Kernstützen, beim Ausbessern beschädig-
ter Formstücke und so weiter tadeln, ohne sich bewußt zu
sein, daß sie damit einen Teil des beabsichtigten Rationali-
sierungserfolges — nämlich den der Ermüdungsverringerung
— wieder aufheben.

Noch deutlicher wird der mangelnde Antrieb zu ökonomi-
scher Arbeit, wenn wir Hausfrauen im Haushalt beobachten.
Hier ist der passive Antrieb sogar als aktiver Widerstand zu
erkennen. Aber auch in der Industrie finden wir gerade bei
Frauen noch starke Abneigung gegen den Versuch, Arbeiten
im Sitzen ausführen zu lassen, die seither im Stehen gemacht
wurden. Und es ist noch nicht lange her, daß Straßenbahn-
führer und -schaffner erstmals einen Sitzplatz »genehmigt«
erhielten.

Ist es nicht ebenso erstaunlich, daß bei Schichtarbeit an
Maschinen — zum Beispiel Spulmaschinen, Fournierpressen,
Flaschenabfüllmaschinen und anderen — oft in der Morgen-
schicht ein großer Arbeiter oder eine große Arbeiterin steht,
in der zweiten Schicht dagegen ein kleiner, ohne daß weder
der Arbeiter noch der Meister überhaupt nur daran denkt,
sich durch eine geeignete Vorrichtung der Höhe der
Maschine anzupassen, oder daß der Vorgesetzte bei der Ein-
teilung der Schicht die K ö r p e r g r ö ß e des Ablösenden in
Betracht zieht?

Sehr unökonomisch pflegt das Tragen zu sein. Wird z. B. eine
Gießpfanne getragen, und handelt es sich um genügend große
Menschen beziehungsweise um eine entsprechend kleine
Gießpfanne, dann ist natürlich das ökonomische Tragen das
mit hängenden Armen. Werden aber nun die Arme noch
dazu gebeugt, dann ist das eine ganz unökonomische, nutz-
lose Mehranstrengung, die wir aber trotzdem überall in Gießereien beobachten können. Beim Transport von schweren
Lasten von einem Ort an den anderen findet man verhältnismäßig wenige Leute, die das ökonomische »Schleudern« aus-
nutzen. Das wird weder gelehrt, noch geübt, ja zuweilen
nicht einmal geduldet, auch dann nicht, wenn keinerlei
Nachteile für den Arbeitsgegenstand damit verbunden sind.

Die Ökonomik der menschlichen Körper- (Arbeits-)Bewegungen ist ein Kapitel für sich, und es wäre zu wünschen, daß die Arbeitsphysiologie etwas mehr aus ihren Laboratorien herausgehen und sich gerade der Untersuchung praktischer Arbeitsbewegungen annehmen würde[2].

Der Arbeitsstudienmann kann also von vornherein damit rechnen, daß er durch Verbesserungen dieser Art Arbeitserleichterungen oder Beschleunigungen erzielen wird.

Er mag sich grundsätzlich sagen, daß er vor gewohnheitsmäßig eingebürgerten Arbeitsbewegungen keine Hochachtung zu empfinden braucht, sondern sie zunächst für unökonomisch halten darf.

Eine ganz besondere Bedeutung hat dieser Faktor in bezug auf die Frage des A r b e i t s t e m p o s , hauptsächlich bei Arbeiten m i t k ö r p e r l i c h e r B e l a s t u n g. Der Rationalisierungs-Ingenieur stellt ja die Forderung auf: Der Arbeiter soll einerseits nicht faulenzen dürfen, andererseits wird aber nicht verlangt, daß er sich überanstrengt. Er soll also gerade die richtige Mitte finden beziehungsweise d i e r i c h t i g e G r e n z e im Rahmen seiner L e i s t u n g s f ä - h i g k e i t .

Selbst Fachleute auf dem Gebiet des Arbeitsstudiums wissen sehr oft nicht, daß sie da eine Forderung stellen, deren Ausführung aus psychologischen Gründen den meisten Menschen n i c h t m ö g l i c h ist.

Ich berichte über Versuche dieser Art, die ich schon vor Jahren angestellt habe[3]. In der Abbildung 1 sehen wir eine der in den Laboratorien verwendeten Methoden des sogenannten »Ergographierens«; ein Kraftmesser hat einen Handgriff; durch Zusammendrücken des Handgriffes werden Zugkilogramme geleistet; diese Anschläge werden dann durch Übertragung als Ordinaten auf das Papierband einer sich langsam drehenden Trommel in bekannter Weise aufgezeichnet (Methode von Mosso).

---

2 *Der Bearbeiter:* Dieser Wunsch Poppelreuters ist inzwischen zum Beispiel durch die Arbeiten des Max-Planck-Institutes für Arbeitsphysiologie in Dortmund in Erfüllung gegangen. Siehe Lehmann: Praktische Arbeitsphysiologie, Thieme-Verlag, Stuttgart 1962.

3 *Poppelreuter:* Über die Gesetzmäßigkeit der praktischen körperlichen Arbeitskurve. Zeitschrift: »Praktische Psychologie«, IV. Jahrgang, Heft 12/1923, Verlag Hirzel.

Macht man nun den Versuch so, daß man ein Metronom etwa einen Zwei-Sekunden-Takt schlagen läßt und der Versuchsleiter den Prüfling auffordert, in diesem Takt das Dynamometer zusammenzudrücken, so ergibt sich sehr bald eine Kurve in Form der Abbildung 2. Die Kraftwerte sinken infolge starker physiologischer Ermüdung ab.

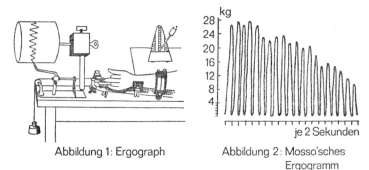

Abbildung 1: Ergograph

Abbildung 2: Mosso'sches
Ergogramm

Wird der Versuch dagegen so gestaltet, daß man nur etwa alle 30 Sekunden einen solchen Zug tun läßt, so zeigt diese Kurve, auch dann, wenn man die Übung stundenlang fortsetzt, das Absinken nicht; die Ordinaten bleiben unter Streuungen gleich, sie werden sogar im Anfang höher.

Es ist also ganz klar, daß es ein Tempo gibt, bei dem baldige deutliche Ermüdung eintritt, gegenüber einem Zeitmaß, das diese Ermüdung nicht hervorruft, vielmehr recht »bequem« ist. Es scheint also möglich, von dem Prüfling zu verlangen, er solle nun das Tempo herausfinden, das gerade eben die Ermüdung verhindert.

Die Versuche zeigen nun durchweg, daß die Versuchspersonen nicht imstande sind, von sich aus eine ökonomische Arbeitsweise zu finden. Entweder lösen sie die Aufgabe so — und das ist die Regel —, daß sie das Tempo doch schneller nehmen, dann ermüden und geringere Zugkilogramme erreichen beziehungsweise größere Pausen einlegen. Oder aber — das ist jedoch seltener — sie wählen von vornherein ihr Tempo so langsam, daß es weit unterhalb der Ermüdungsgrenze liegt und vulgär gesprochen »Faulenzen« ist.

Weiteres Verfolgen dieser Versuche zeigte, daß die Forderung des ökonomischen Arbeitens sich nur dadurch erfüllen läßt, daß der V e r s u c h s l e i t e r das ö k o n o m i s c h e T e m p o ermittelt und dieses dann der Versuchsperson in

Form des Zwangsrhythmus vorschreibt. Ich will dazu anmerken, daß es sich hierbei nicht um ein Tempo gleichen Rhythmus' handelt, sondern daß zum ö k o n o m i s c h e n körperlichen Arbeiten eine a l l m ä h l i c h e V e r l a n g s a m u n g des Tempos beziehungsweise allmähliche V e r g r ö ß e r u n g d e r P a u s e n gehört.

Erst dann, wenn man eine Versuchsperson ausdrücklich auf das ökonomische Arbeiten hin trainiert hat, ist sie imstande, die Aufgabe zu erfüllen. Hierbei zeigt sich das von mir gefundene Gesetz, daß in einem solchen Falle nicht nur die E r m ü d u n g a u s f ä l l t, sondern ganz allgemein-gesetzlich die körperliche Leistung als solche zunimmt.

Wir werden uns später bei der Besprechung der Ermüdungsfragen, noch weiter mit diesen Versuchen beschäftigen.

1.4 Werden den Menschen irgendwelche Arbeitsaufgaben gestellt, so besteht eine Tendenz, die Aufgaben auszuführen, ohne sich über die genauere Art der Ausführung Gedanken zu machen

Bei diesen und den nun folgenden Leitsätzen beziehe ich mich auf arbeitspsychologische Versuche, die jetzt schon Jahre zurückliegen, die aber bisher noch nicht veröffentlicht worden sind.

Das Prinzip der Versuche war sehr einfach. Die Versuchspersonen erhielten unregelmäßig geformte Zettel mit der Aufforderung: »Zeichnen Sie ein Quadrat!« Es wurde zunächst möglichst indifferent vorgegangen; später wurden die Bedingungen variiert, also teilweise Beeinflussungen vorgenommen, teilweise nach kurzem Verlauf abgebrochen, teilweise längere Zeit fortgearbeitet. Zunächst ergab sich der oben angeführte Leitsatz. Es ist eigentlich sonderbar: Die Aufgabe »Zeichnen Sie ein Quadrat« ist doch so unbestimmt wie nur möglich. Man kann ein großes Quadrat zeichnen, ein kleines, man kann es rasch »hinhauen«, man kann es sorgfältig, genau hinsetzen, man kann Lineal und Zirkel verwenden, man kann den Bleistift als behelfsmäßigen Maßstab benutzen und so weiter. Das Bemerkenswerte ist, daß von einer großen Mehrheit von Versuchspersonen — etwa 30 —, die größtenteils wissenschaftlich vorgebildet, teilweise Ingenieure, Psychotechniker, Lehrer und so weiter waren, nur ein ganz geringer Bruchteil die Frage stellte: »Was für ein Quadrat wollen Sie denn haben?« In keinem einzigen Falle war sich eine Versuchsperson über die Vielfältigkeit der Bedeutung klar, ehe sie zeichnete!

Diese Regel, daß es natürlich ist, Arbeitsaufgaben gedankenlos zu übernehmen und ebenso gedankenlos auszuführen, gilt ganz allgemein. Es ist erstaunlich, wie lange man unter Umständen diesen Versuch fortsetzen kann. Unterbricht man mit den Fragen: »Warum haben Sie denn nicht genau gearbeitet, sondern nur grob skizziert?« oder »Warum haben Sie nicht um Lineal und Zirkel gebeten?« oder »Warum haben Sie nicht gefragt, ob es ein genaues oder ein angenähertes Quadrat sein sollte?«, so bekommt man ziemlich stereotyp die Antwort: »Ich habe gedacht, Sie wollten das so!« oder »Ich habe gedacht, es käme nicht auf Genauigkeit an!« oder »Ich habe gedacht, es käme auf Genauigkeit an« und so weiter.

Nun pflegen Menschen gerade dann, wenn sie sagen »Ich bin in Gedanken«, gewöhnlich nicht intensiv nachzudenken, und in diesem Fall ist es nicht anders, denn sie haben eben nichts Besonderes gedacht, sie haben sich einfach gehenlassen. In dieser spontanen Art äußert sich der »individuelle Arbeitstypus«, und wir werden von diesem Faktor noch weiter sprechen.

Das Törichte der Antwort »Ich habe gedacht« pflegen die meisten Versuchspersonen auch einzusehen, wenn man sich mit ihnen später genauer darüber unterhält. Sie geben dann auch zu, daß es nicht ein ausdrückliches Denken im Sinne des »Sich-Vornehmens« gewesen ist, sondern daß sie hier mehr dem Sprachgebrauch gefolgt sind, welcher diese verschönernde Formel für Gedankenlosigkeit nun einmal eingebürgert hat.

Bemerkenswert ist, daß sich diese Versuche auch nicht anders gestalteten, als sie so abgeändert wurden, daß ein Blatt Papier gegeben wurde, auf dem ein mit dem Lineal gezogener, gerader Strich von etwa 5 cm Länge angebracht war (ohne aber der Versuchsperson das Lineal auszuhändigen), diesmal mit der Aufgabe, ihn zum Quadrat zu ergänzen. Es ist klar, daß eigentlich hierin schon eine bestimmte Art der Ausführung nahegelegt war, was sich aber bei diesen Versuchen überhaupt nicht auswirkte; das jeweils verschiedene Verhalten der Versuchspersonen blieb ziemlich unverändert.

Der Praktiker wird die Allgemeingültigkeit dieser Erkenntnis in unzähligen Fällen der Werkstattpraxis bestätigt finden.

Man bestellt der Werkstatt: »Ich will eine Kiste von der und der Größe«. Man braucht sie rasch und reklamiert, als es zu lange dauert. Die Kiste kommt und ist ein sauber gearbeiteter Kasten geworden. Worauf man sagt: »Das war ja nicht nötig, ich wollte nur etwas darin abstellen«. Als Antwort wird man hören: »Ich habe gedacht, Sie wollten eine schöne Kiste, die man überall hinstellen kann«, obwohl in Wirklichkeit der Betreffende nicht »nachgedacht« hatte, sondern einfach einer zufällig vorhandenen Vorstellung gefolgt war. Beim »Nachdenken« wäre er ja darauf gekommen, daß es noch andere Möglichkeiten der Verwendung gibt, als der, die ihm vorschwebte. Dann würde er wohl rückgefragt haben.

Ein anderes Mal braucht man einen sauberen Kasten und bekommt eine grob zusammengehauene Kiste[4].

1.5 Es besteht eine Tendenz, bei einer Vielheit von Arbeitsmethoden die anfänglich und zufällig gewählte Arbeitsmethode beizubehalten, auch dann, wenn sie unzweckmäßig ist

Es gibt mehrere Methoden, das Quadrat zu zeichnen, indem man entweder zunächst zwei Parallelen herstellt, dann zwei rechte Winkel anlegt, oder indem man zuerst den einen Winkel an die gegebene Strecke ansetzt und so weiter. Kurzum, es ergeben sich mehrere zeichnerische Wege, einen Strich zum Quadrat zu ergänzen. Bei diesen Versuchen stellte sich nun heraus, daß von den vielen Prüflingen weitaus die meisten nur e i n e von diesen Methoden einschlugen und sie dann während der ganzen, 40 Ausführungen umfassenden Versuchsreihe beibehielten; nur sehr wenige »probierten« verschiedene Methoden.

---

4 *Der Bearbeiter:* Hier spielt allerdings noch ein anderer Umstand mit, nämlich die Methode der »richtigen Unterweisung«, die im Kapitel 4.8 behandelt wird. Der Fehler liegt nicht in erster Linie bei dem Arbeiter, sondern bei dem Auftraggeber, der es unterlassen hatte, eine klare Anweisung zu geben. »Hat der Arbeitende nicht richtig gearbeitet, so hat sehr oft der Unterweisende nicht richtig gelehrt«, ist eines der wichtigsten Postulate für die Arbeitsunterweisung.

Die Befragung aller ergab dann zunächst die ganz charakteristische Antwort der meisten Versuchspersonen: »So schien es mir am zweckmäßigsten«.

Die Analyse zeigte aber, daß das keinesfalls stichhaltig war. Denn die Zweckmäßigkeit einer bestimmten Methode kann sich doch nur aus dem P r o b i e r e n der verschiedenen Möglichkeiten herausstellen. Jedenfalls kann ein sicheres Urteil über die Zweckmäßigkeit einer bestimmten Einzelmethode nur gefällt werden, wenn auch die übrigen Methoden erprobt worden sind. Ein Bericht über die Selbstbeobachtung zeigte bei diesen Versuchen, daß diese Erwägungen über die anderen Möglichkeiten fehlten, und daß in Wirklichkeit die Methode eingeschlagen worden ist, »die gewissermaßen von selbst in die Hand gelaufen ist«.

Das Bemerkenswerte ist, daß die Tendenz, die einmal gewählte Methode stereotyp beizubehalten, gerade durch die Wiederholung so enorm gestärkt wird, und daß auf diese Weise die U n z w e c k m ä ß i g k e i t e n fixiert werden. In der Tat wird man überall in Betrieben feststellen können, daß ein b e w u ß t e s   E r f a s s e n der verschiedenen Möglichkeiten von Methoden eine ziemliche A u s n a h m e ist und daß sich stabilisierte Systeme vorfinden, die als zweckmäßig befunden »verteidigt« werden, ohne daß ausdrückliche Überlegungen oder Versuche die Richtigkeit dieser Annahme erweisen könnten.

Charakteristisch ist, was sich ebenfalls bei diesen Versuchen herausstellt, daß schon die einfache Frage, w a r u m die Versuchsperson diese oder jene Methode eingeschlagen habe, als eine h e r a b s e t z e n d e   K r i t i k empfunden wurde und dementsprechend auch Posituren der Verteidigung eingenommen wurden.

Bei den übrigen Arbeitsprüfungen stellt sich dann noch heraus, daß als Folge dieser normalen menschlichen Gedankenlosigkeit bei Durchführung von Arbeiten die naheliegendsten Ausführungsmethoden bevorzugt werden. Da das Naheliegende psychologisch das darstellt, was bei den meisten Menschen am häufigsten auftritt, erklärt sich die Allgemeinheit, mit welcher gerade falsche Arbeitsmethoden in Werkstätten auftreten, gegen die anzukämpfen man gewöhnlich einen schweren Stand hat. Der Praktiker ist geneigt zu argumentieren: Weil es so häufig so gemacht wird, ist es offensichtlich die beste Methode. Für den Wissenschaftler aber ist das Umgekehrte der Fall: Gerade, w e i l es so häufig so gemacht wird, besteht die Wahrscheinlichkeit, daß es nicht das Beste ist. Denn: Ökonomisch zu arbeiten, ist eine seltene Eigenschaft, und zum Besten fähig sind nur die Besten, und die sind in der Minderzahl!

1.6 Die Menschen haben nur eine sehr ungenaue Vorstellung von der Ausführungsmethode ihrer eigenen Arbeit

Jeder Durchschnittsmensch ist imstande, einen in ein Brett geschlagenen Nagel richtig herauszuziehen, wenn er mit einer Kneifzange noch zu fassen ist. (Siehe Abbildung 3)

Ich ließ nun eine ganze Reihe Menschen diese einfache Arbeitsverrichtung tun, ergriff dann rasch die Zange, legte sie weg und forderte nun alle auf, anzugeben, wie sie die Zange gefaßt hatten in dem Augenblick, als sie im Begriff waren, mit den beiden gespreizten Schneiden hinter den Nagelkopf zu greifen.

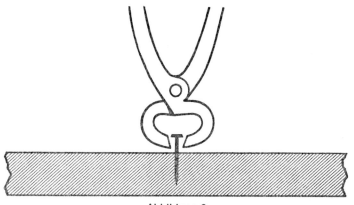

Abbildung 3

Dabei zeigte sich nun zunächst, daß jeder nachdenken mußte, das heißt die Leute krümmten ihre rechte Hand, stellten sich die Arbeit unter Mitbewegungen vor und überlegten. Es wurde dann die Zeichnung einer Zange vorgelegt, und es sollten die Finger und der Daumen »im Schnitt« eingezeichnet werden. Dabei ergab sich, daß die meisten auf die eine Seite den Daumen und auf die andere Seite die vier Finger zeichneten (Abbildung 4). Das ist aber eine Zangenhaltung, mit der man den Nagel gar nicht herausziehen kann, da man ja die Zange auf diese Weise wohl zusammendrücken, aber nicht spreizen kann. Die charakteristische Zangenhaltung ist so, daß ein oder zwei Finger zwischen die beiden Handgriffe gelegt werden und Spreiz- und Druckbewegung wechselt.

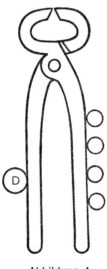

Abbildung 4

Ein weiteres Beispiel für die Ungenauigkeit der Vorstellung über die Ausführungsmethode der eigenen Arbeit kann man sich in jeder Gesellschaft als Scherz bestätigen lassen: Fordern Sie die anwesenden Herren auf, etwas, was sie tausendmal und mehr getan haben, in Worten zu schildern, ohne die entsprechende Handbewegung zu machen, also rein aus der Vorstellung heraus, nämlich das Zuknöpfen des Jacketts. Wir wollen dabei der Einfachheit halber annehmen, daß das mit e i n e r Hand, zum Beispiel der rechten, geschähe. »Ich nehme meinen Daumen...« wird meist mit der Erläuterung begonnen. Die meisten vergessen aber bei der Fortsetzung ihrer Schilderung, daß in der Regel der Stoff mit Hilfe eines dritten Fingers, zum Beispiel des Mittelfingers, über den Knopf gestülpt werden muß. — Die Verschiedenheit der Meinungen und die Mimik, wenn es anschließend in praxi vorgeführt wird, beweisen die Richtigkeit des Leitsatzes. *Es ist eben psychologisch bedingt, daß das Spezielle der Arbeitsausführung zum großen Teil nicht ins Bewußtsein dringt, da die Aufmerksamkeit sich vielmehr in erster Linie auf den Erfolg der Arbeit richtet.*

Hat man diese Tatsache erst erkannt, so stellt man dasselbe wohl bei allen Arbeitsverrichtungen der Praxis fest. Als wir einen Anlernkurs für Kabelarbeiterinnen ausarbeiteten, stellte sich heraus, daß über das Genauere der einzelnen Handgriffe, zum Beispiel für das Flicken gerissener Drähte, das von Hand geschehen mußte, sowohl beim Meister als auch bei den einzelnen Arbeiterinnen, die sie selber ausführten, weitgehende Unkenntnis bestand. Wir gewannen erst dann ein klares Bild, als wir an einem Versuchsstand die Tätigkeit nachahmten, wobei zunächst herauskam, daß die Methoden sehr verschieden waren und eine einzige richtige Methode gar nicht bestand.

Die Schwierigkeit, die einzelnen Phasen des Arbeitsprozesses zu erfassen, ist so groß, daß man es sich zur Pflicht machen muß, sich Arbeitsbewegungen, die man kennzulernen wünscht, »ausdrücklich« zeigen zu lassen, und zwar nicht von e i n e m Arbeiter, sondern von v e r s c h i e d e - n e n, mindestens aber von einem guten und einem schlechten, um sie dann selbst nachzuahmen. Von besonderer Anschaulichkeit ist natürlich der Film, vor allem bei Verwendung der Einzelbildschaltung oder beim Anhalten des Filmes an den zum Zwecke des Kennenlernens besonders interessanten Stellen.

Auch für die Arbeitsbewertung hat die Erkenntnis, daß der Mensch meist nur ein sehr ungenaues Bild von der Art der Arbeitserledigung hat, sehr große Bedeutung. Diese Tatsache zwingt bei der Bewertung der Tätigkeiten zu einer eingehenden Arbeitsbeschreibung; dabei ist aber nicht nur das »Was«, sondern auch das »Wie« zu schildern, um die Anforderungen, die die Tätigkeit an den Menschen stellt, beurteilen zu können. Es ist sehr davor zu warnen, die Abfassung der Arbeitsbeschreibung »aus dem Gedächtnis« im Büro zu verfertigen, statt sich an den Arbeitsplatz zu begeben und jeden Griff und jede erforderliche Überlegung des Arbeiters gewissermaßen selbst mitzuerleben. Man wird sehr bald erkennen, daß man manche Anforderung nicht berücksichtigt hätte, wenn die Arbeitsbeschreibung im Büro nur aus dem

Gedächtnis heraus erfolgt wäre. Weiteres über die Arbeitsplatzanalyse siehe Kapitel 6.

1.7 *Ist irgendeine menschliche Arbeit nicht ausdrücklich aufgrund von Rationalisierungsmaßnahmen gestaltet, so ist gewiß, daß man sie wesentlich verbessern kann*

In jedem Falle ist es richtiger, mit sofort möglichen Mitteln eine Arbeit zu verbessern, als auf vielleicht mögliche Gelegenheiten zur grundlegenden Neugestaltung (vergebens?) zu warten. D a s   B e s s e r e   i s t   d e r   F e i n d   d e s   G u t e n ! Das heißt keineswegs, daß das Gute durch das Bessere verdrängt wird. Im Gegenteil: Besteht auch nur entfernt die Möglichkeit, s e h r   G u t e s zu erreichen, so hemmt dieses das Streben nach dem erreichbaren Guten! Hat man erkannt, daß etwas nicht gut ist, so überlegt man sich, wie es verbessert werden kann. Dabei findet man naheliegende und ausführbare Verbesserungen, man sieht aber auch noch Besseres, geradezu Ideales. Und was ist der Erfolg? Das Ideale ist nur schwer erreichbar, kostet viel Geld, nimmt viel Zeit in Anspruch, ist an alle möglichen Voraussetzungen geknüpft. Man kann es zur Zeit noch nicht verwirklichen. Also stellt man es zurück, bis ... ja, bis es vergessen oder bewußt zu den Akten gelegt ist. Das n u r Gute ist inzwischen auch nicht ausgeführt, es verbleibt beim bisher unbefriedigend Fehlerhaften. Aber man hat vor sich selbst die Entschuldigung: »Wir wissen, daß das, was hier vorliegt, nicht gut ist. Wir haben auch schon Pläne, wie es grundlegend geändert werden soll, aber ... zur Zeit unmöglich. Jedoch eines Tages werden wir es tun«.

Weil also das Bessere winkte, unterließ man das Gute. Wäre es nicht richtiger gewesen, das erreichbar Gute sofort zu tun, statt es zu unterlassen, weil man mit dem Gedanken liebäugelte, noch Besseres durchzuführen? So ist der Satz zu verstehen: Das Bessere ist der F e i n d des Guten.

Daß »das Bessere der Feind des Guten ist«, ist eine der tiefen psychologischen Weisheiten, an denen unsere Sprichworte reich sind.

Und gerade hier setzt eine andere Weisheit ein: Auch das U n v o l l k o m m e n e läßt sich v e r b e s s e r n , wenn man alle vorhandenen Möglichkeiten herausholt! Man kann an einer Drehbank mit Fußbetrieb »rationell«, und an einer modernen elektrischen Drehbank mit Druckknopfsteuerung »unrationell« arbeiten[5].

Gewiß ist es unvollkommen, Roheisenmasseln von Hand in die Waggons zu verladen; vollkommen wäre, dies von einem Magnetkran tun zu lassen; genauso unvollkommen ist es, Ziegelsteine von Hand zu schichten, anstatt maschinell Betonmauern zu ziehen.

Über diese Dinge zu diskutieren hat gar keinen Sinn; es bleibt einfach die Tatsache bestehen, daß die i n b r e i t e m U m f a n g e vorhandenen Produktionseinrichtungen s t e t s r ü c k s t ä n d i g sind gegenüber dem »Neuesten«, das stets e i n z e l n bleibt.

Man könnte sagen: D e r A r b e i t s p l a t z i s t u n - v o l l k o m m e n ; a b e r s o u n v o l l k o m m e n , w i e e r i s t , b r a u c h t e r n i c h t z u s e i n .

---

5 *Der Bearbeiter:* Mancher wird vielleicht sagen, diese Gedanken ließen erkennen, daß die »Leitsätze« schon im Jahre 1929 verfaßt wurden; denn heute sei diese Auffassung doch nicht mehr haltbar.

Poppelreuter hat aber meiner Ansicht nach schon damals die Gefahr erkannt, daß mancher Betrieb, im Bestreben zu rationalisieren, die »Modernisierung« mit »Rationalisierung« im Sinne vernünftiger Arbeitsverbesserung verwechselt. Nicht die »Neuheit« der Maschinen ist entscheidend, sondern daß Maschinen, Ausbildungsstand der Arbeiter, gesicherte Aufträge, Kapitaldienst und vieles mehr harmonisch aufeinander abgestimmt sind. Andernfalls sind Maschinen mit nur 80 Prozent Wirkungsgrad rentabler, wenn sie stetig arbeiten, als solche mit 95 Prozent Wirkungsgrad, wenn sie zeitweise stillstehen.

2 Die individuellen Unterschiede in der Arbeitsweise⁶ der Menschen

6 *Der Bearbeiter:* Poppelreuter hat den Begriff »Arbeitsweise« nicht als den speziellen Ausdruck benutzt, wie er heute zum Unterschied von dem anderen speziellen Ausdruck »Arbeitsmethode« angewandt wird. Er meinte ganz einfach, daß verschiedene Menschen gleiche Arbeiten sehr verschieden ausführen, wobei er das »verschieden« sowohl im Hinblick auf das »Was« als auch das »Wie« sah. Dabei ist zuzugeben, daß die Trennung von »Arbeitsweise« und »Arbeitsmethode« auch für uns oft sehr schwierig ist. Grob gesagt kann man als »Methode« das bezeichnen, was l e h r b a r ist, was v o r g e s c h r i e b e n werden kann. Darunter fällt zum Beispiel die Reihenfolge, in der die einzelnen Hantierungen zweckmäßig vor sich gehen sollen oder die Vorschrift über einen b e s t i m m t e n anzuwendenden Knoten oder den auszuübenden Druck oder über die einzuhaltende Tourenzahl und anderes. — Das ist unter dem » W a s « d e r A r b e i t zu verstehen.

Die »Arbeitsweise« dagegen entspringt der individuellen Veranlagung, zum Beispiel dem »persönlichen Tempo«, dem Typ des »pedantisch-exakten« oder des »großzügigen« Menschen, dem »geschickten« oder dem »umständlich hantierenden« Arbeiter. — Das ist unter dem » W i e « d e r A u s f ü h r u n g zu verstehen.

Die »Arbeitsweise« ist im Gegensatz zur »Arbeitsmethode« mit dem individuellen Leistungsgrad (Intensität und Wirksamkeit) zu erfassen.

Man könnte also, ohne einen groben Fehler zu begehen, sagen, daß Poppelreuter in den Kapiteln 2.1 und 2.4 die Unterschiede in der Arbeits m e t h o d e und im Kapitel 2.3 die der Arbeitsw e i s e behandelt hat.

»Wie« jemand geht, schwimmt, schreibt, den Hammer hält, die Seiten des Buches umblättert, ist individuell so charakteristisch, daß man den Menschen geradezu daran identifizieren kann.

»Was« er tut, vollzieht sich ohne ausdrückliche Anweisung so, wie es die Ausführungen in Kapitel 1.5 sagen; erst bei entsprechender Belehrung und Determination wird aus der »zufälligen« Methode die bessere — oder gar die beste.

2.1 Selbst bei den einfachsten Arbeitshantierungen zeigen sich große individuelle Unterschiede

Es ist sonderbar, daß auch in bezug auf die Betonung der individuellen Unterschiede ein R ü c k s c h r i t t in der betriebswissenschaftlichen Literatur festzustellen ist. T a y l o r selbst neigte, wie bekannt, sehr dazu, bezüglich der individuellen Unterschiede rein quantitativ vorzugehen. Er unterschied eigentlich nur gute und schlechte Arbeiter und schränkte dabei noch so weit ein, unter guten Arbeitern überwiegend die schnellen zu verstehen, unter den schlechten die langsamen und arbeitsunlustigen. Das entspricht der neueren Auffasung der Dinge, die durch die psychologische Begutachtung doch wesentlich vertieft ist, nicht mehr.

Dem Arbeitspsychologen zeigt sich, daß, geht man ins einzelne, jedem Individuum eine individualeigene besondere Arbeitsform zu eigen ist, die sich sogar bis in die letzte einfache Hantierung hinein erstreckt.

Auf meine Veranlassung hat Herr Dr. B a u r m a n n [7] in einer längeren Arbeit eine einfache Hantierung, das Bohren eines Loches auf einer Handhebelmaschine, untersucht. Es ist erstaunlich, wie diese scheinbar durch die Starrheit des maschinellen Vorgangs bestimmte einfache Hantierung doch individuelle Unterschiede zeigt. Man kann daraus ersehen, wie stark zusammenfassend — verallgemeinert wird, wenn man etwa nach der Bestandteiltheorie einzeln mit Bohrzeiten als mit Richtzeiten rechnen will. Der Praktiker darf das natürlich, aber dieselbe Zahl betrifft nicht denselben Vorgang.

Wie verschieden bei solchen Vorgängen gearbeitet wird, zeigt die Beobachtung eines scheinbar ebenso stereotypen Vorganges, des Einspannens eines kleinen Werkstückes in die Drehbank. Der eine ergreift das Werkstück, hält es schwebend, ergreift dann den Schlüssel zum Futter, dreht das Futter weit auf, spannt das Werkstück ein. Der andere ergreift den Schlüssel, dreht das Futter auf, ergreift dann das Werkstück, steckt es hinein. Der dritte spannt das Futter auf, hält dann das Werkstück davor, bis das Futter die nötige Öffnung hat, schiebt das Werkstück dann hinein und schraubt das Futter zu. Alle diese Verschiedenheiten findet man im Zeitnehmerbogen nicht vermerkt, statt dessen einfache Zahlen.

---

7 »Individuelle Unterschiede im Bedienen von Werkzeugmaschinen«. Psychotechnische Zeitschrift 1928, Verlag Oldenbourg.

Die eine Spinnerin geht bei der Heilung eines Fadenbruches so vor, daß sie zuerst den gebrochenen Vorgarnfaden löst, der sich um die Walze gewickelt hat, oder ihn von der Absaugöffnung trennt, dann die Spindel anhält und das Fadenende sucht, ehe sie den Faden anlegt; eine andere Spinnerin hält zuerst die Spindel an, sucht das Fadenende mit der linken Hand und holt gleichzeitig mit der rechten Hand das abgerissene Vorgarnstück heran. Die letztere Methode dürfte wohl die bessere sein, doch wird sie nur von den dazu Begabten spontan gefunden. Die Mehrzahl der Arbeitenden kommt zu ihr erst durch entsprechende, oft nicht einmal leichte Unterweisung oder durch ausdrückliches Probieren.

2.2 Zwischen Arbeits-»Tempo« und »Natur« der Arbeit bestehen arbeitspsychologisch erhebliche Beziehungen

Nirgends ist der Gegensatz zwischen »arbeitspsychologischer Analyse« einerseits und »praktischer Betriebswissenschaft« andererseits größer als bei der Frage des Arbeitstempos.

Vorangestellt: Das Verfahren, die einfache Zeitbetrachtung in den Vordergrund zu stellen, weil ja die Zeit der wirtschaftliche Faktor ist, ist aus den Verhältnissen der Praxis heraus notwendig. Desto wichtiger aber ist es auch, hinzuzufügen, daß hinter dem Problem » A r b e i t s t e m p o « eigentlich » d i e   g a n z e   A r b e i t s p s y c h o l o g i e « steckt.

Einerseits: Theoretisch-arbeitspsychologisch ist das Vorrangieren des reinen Zeitfaktors nicht berechtigt; andererseits aber: Will die Arbeitspsychologie der Praxis dienen, so muß auch sie sich nach dem Zeitfaktor orientieren, wenn sie auf Resonanz rechnen will.

Die wissenschaftliche Formel für das Arbeitstempo lautet: *In den Zeiten findet die Natur der jeweiligen Arbeit ihren Ausdruck; die Zeit als solche ist niemals ein wesentliches Merkmal.*

Das heißt, haben wir Zeiten gemessen, ohne eine qualitative Arbeitsanalyse vorzunehmen, so haben wir damit wohl ein spezielles wirtschaftliches Ziel erreicht, niemals aber »einen Tatbestand gesetzmäßig aufgeklärt«. Der Wissenschaft ist die Zeitmessung nur eine mittelbare Hilfe, der Praxis aber ein Ziel.

Es wäre nun jedoch grundfalsch, daraus etwa herleiten zu wollen, daß der Arbeitsstudienmann sich deshalb auch nur um die Zeiten zu kümmern brauche. Im Gegenteil! Er hat auch rein praktisch großes Interesse daran, über die bloße Zeitmessung hinaus auf die Beziehung zur jeweiligen Natur der Arbeit einzugehen, insofern, als es sich einerseits um Verbesserung der Arbeitsverfahren handelt und andererseits um die Sicherung, ob und inwieweit sich die am einzelnen Menschen gewonnenen Zeitwerte verallgemeinern lassen.

Das heißt nichts anderes, als daß der Zeitnehmer genau wie der Arbeitswissenschaftler alle die die Arbeitszeit beziehungsweise das Arbeitstempo b e e i n f l u s s e n d e n F a k t o r e n nicht nur als solche erkennen, sondern auch verstehen muß, um sie zu »werten«. Er wird also, ebenso wie der Arbeitswissenschaftler e x a k t e q u a l i t a t i v e A r b e i t s a n a l y s e n vornehmen müssen. Wobei dann zwischen beiden eigentlich nur der Unterschied besteht, daß die Zeitbetrachtung beim Zeitnehmer weit mehr im Vordergrund des Interesses steht als beim Arbeitspsychologen, und daß der Zeitnehmer von dem Vorrecht des Praktikers Gebrauch macht, sich auf das Hauptsächlichste, das heißt für ihn »praktisch Wichtigste«, zu beschränken.

Alles, was irgendwie objektiv oder subjektiv die jeweilige Arbeit qualitativ beeinflußt, kommt auch in einer Veränderung der Zeitwerte zum Ausdruck.

Nehmen wir eine einfachste Handbewegung, das Herreichen eines Gegenstandes: Dies geschieht bei einem lebhaften, cholerischen Menschen in einem anderen Tempo als bei einem apathisch ruhigen; anders bei einem Lehrling als bei einem alten Mann; anders, ob es an einem schwülen Sommertag stattfindet oder an einem kalten Wintertag; ja anders, wenn der A, der dem B den Gegenstand zureicht, diesem feindlich gesinnt ist; anders, wenn vorher ein Witz erzählt worden ist; anders, wenn ein Lied gepfiffen wurde; anders, wenn man vor einem Streik stand; anders, wenn vorher Alkohol getrunken worden ist und so weiter. »Anders« heißt auch »mit anderen Zeiten«.

Gerade die Wissenschaft aber, die einerseits auf die komplizierten Bedingungen jedes einzelnen Tatbestandes hinweist, ist auch wieder Führer, um die Tatbestände zu vereinfachen, indem sie die Maßstäbe über die Erheblichkeit der Beeinflussungen liefert. Das ist der springende Punkt. Wir werden uns also bei der Behandlung der Frage »Arbeitstempo« nicht von der theoretischen Kompliziertheit des Problems leiten lassen — obwohl wir uns dessen immer bewußt bleiben müssen —, sondern wir werden uns in erster Linie denjenigen Hauptsächlichkeiten zuwenden, die von großer q u a n t i t a t i v e r Bedeutung sind.

Die Variabilität der Arbeitszeiten kann in drei Gruppen eingeteilt werden:

1. Variationen in bezug auf die Art der Arbeit.
2. Variationen der Individuen untereinander.
3. Variationen innerhalb eines Individuums.

Da jede Arbeit einmal »stationär«, das heißt für einen kurzen Verlauf, und ferner auch »dynamisch« für längere Zeitverläufe, des Tages, der Woche und so weiter, analysiert werden muß, so ergäbe das sechs hauptsächliche Fragestellungen, denen wir uns im folgenden zuwenden werden.

2.3 Die Variation der Arbeitszeiten und der Individuen untereinander stehen in gesetzmäßiger Beziehung zu der Art der Arbeit

Man hat sich bisher immer damit begnügt, festzustellen, »daß Arbeitszeiten schwanken«, ohne aber zu der Frage gedrängt zu werden: Um welche Streubreite handelt es sich denn dabei?

Die Zeitstudienliteratur hat bisher auch dieses Problem nur gestreift. Und doch zeigt einfache Überlegung, daß eine Antwort auf diese Frage von höchster Bedeutung ist, weil erst damit mathematisch festgelegt werden kann, mit w e l c h e r S i c h e r h e i t die Zeitmessung an einem einzelnen Menschen auch auf übrige Menschen übertragen werden kann.[8] Das Grundgesetz, das die biologischen Variationen, also

---

8 *Der Bearbeiter:* Als Poppelreuter seine »Leitsätze« schrieb, waren »Leistungsgradbeurteilung« und »Normalleistung« noch unbekannte Begriffe. Heute haben wir nahezu vergessen, daß diese Begriffe und ihre Anwendung in der Praxis gerade durch die arbeitspsychologische Begründung, wie sie uns Poppelreuter 1929 gegeben hat, ihre innere Rechtfertigung erhalten.

auch die menschlichen Arbeitszeiten beherrscht, ist die glok-
kenförmige Kurve der Häufigkeit, die sog. Gauss'sche Kurve.
Das heißt, messen wir die Zeiten, die zu derselben objektiven
Arbeit von einer großen Zahl von Menschen, etwa 100, benötigt werden, stellen wir dann die erhaltenen Werte nach
ihrer Häufigkeit in Ordinaten dar, beziehungsweise gruppie-
ren wir sie nach Häufigkeitsgruppen — nach mathematischen Regeln, die wir hier unbesprochen lassen können —,
dann erhalten wir bei Normalverteilung, also bei gleichblei-
benden und nicht außerhalb der Regel stehenden Arbeitsbedingungen mit ziemlich ausnahmsloser Gesetzmäßigkeit
Glockenformen; am allerhäufigsten kommen die mittleren
Werte vor, weniger häufig die extremen, in diesem Fall also
die sehr schnellen Zeiten einerseits und die sehr langsamen
Zeiten andererseits.

Die Abbildungen 5 bis 8 zeigen uns die Häufigkeitskurven
einfacher psychotechnischer Probearbeiten einer homogenen
Menschengruppe 14jähriger Jugendlicher. Diese wurden deshalb als Versuchspersonen gewählt, weil bei ihnen die Be-
dingung des gleichmäßigen Arbeitsvollzugs und der übrigen
Verhältnisse annähernd verwirklicht ist.

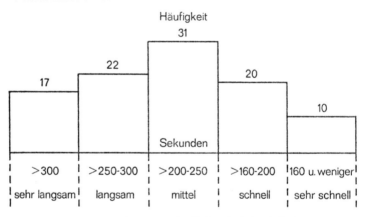

Abbildung 5: Streuung der Zeiten bei der Aufgabe:
„Geschwindigkeit einfacher Hantierung"

Die erste Häufigkeitskurve (Abbildung 5) ergibt sich aus
einer psychotechnischen Probearbeit »Geschwindigkeit einfacher Hantierung«. Die Arbeit ist denkbar einfach. Auf
einem Tablett liegen 3 mal 15 Klötzchen, die mit einem klei-

nen Schäufelchen — gerade mit drei Fingern am Stiel anzufassen — der Reihe nach auf ein anderes, leeres Tablett in derselben Anordnung zu schaufeln sind. Das heißt, die Arbeit ist charakterisiert als die Summe einfachster Zielbewegungen, wobei die Weglängen nahezu konstant bleiben.

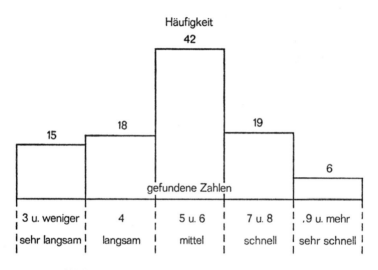

Abbildung 6: Streuung der Zeiten bei der Aufgabe:
„einfache geistige Arbeit"

Die zweite Häufigkeitskurve (Abbildung 6) stammt von einer einfachen geistigen Arbeit. Der Prüfling erhält einen Karton, auf dessen Vorderseite sich eine Reihe von fünfstelligen Zahlen befindet, die er aus einer großen Menge von Zahlen auf der Rückseite herauszusuchen hat.

Die dritte Häufigkeitskurve (Abbildung 7) entstand durch eine einfache handwerkliche Arbeit: Unregelmäßig geformte Papierblätter werden mit einer Schere zu Quadraten geschnitten.

Die vierte Häufgkeitskurve (Abbildung 8) stammt von dem Test »beidhändige Genauigkeitsarbeit«: Ein Brett mit einer Figur, die aus einer Doppellinie mit kleinem Abstand besteht, ist unter einem Tintenstift so zu verschieben, daß der Stift nicht an die Linien anstößt beziehungsweise über dieselben hinausgeht.

43

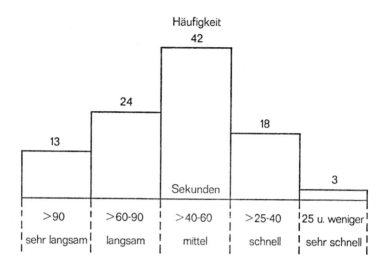

Abbildung 7: Streuung der Zeiten bei der Aufgabe:
„einfache handwerkliche Arbeit"

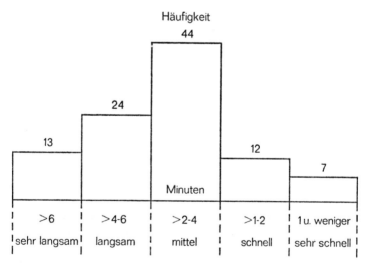

Abbildung 8: Streuung der Zeiten bei der Aufgabe:
„beidhändige Genauigkeitsarbeit

Diese Häufigkeitskurven sind aus einer großen Zahl von psychotechnischen Probearbeiten ausgewählt. Sie zeigen:

1. daß Bestleistungen seltener sind als Schlechtleistungen[9],
2. daß die Streubreite in einer gesetzmäßigen Beziehung zu der Art der jeweiligen Arbeit steht.

Auch ohne daß wir eine genauere Berechnungsmethode der Variabilität anwenden, sehen wir, wenn wir die sehr Schnellen mit den sehr Langsamen vergleichen, ungefähr die Relationen:

1. für die Geschwindigkeit einer einfachen Hantierung $1 : 2$
2. für die einfache geistige Arbeit $1 : 3$
3. für die handwerkliche Arbeit $1 : 3$ bis $1 : 4$
4. für die beidhändige Genauigkeitsarbeit $1 : 6$ und mehr

Unter Hinzunahme auch anderer Häufigkeitskurven, die ich hier nicht wiedergebe, ergibt sich das Gesetz: *Bei einer gleichartigen Menschengruppe streuen die Zeiten für eine jeweils gleichbleibende Arbeit beziehungsweise Arbeitsaufgabe um so mehr, je komplizierter die Arbeit ist, das heißt je mehr an ihr höhere Faktoren der Intelligenz, des Willens und auch besonderer Fertigkeit beteiligt sind.*

Im allgemeinen ist man in den Betrieben über die individuelle Streuung der Arbeitszeiten für ein und dieselbe Arbeit nur sehr wenig unterrichtet. Man führt dort zumeist nur Produktionsstatistik und nicht Leistungsstatistik. Die Produktionsstatistik ist am leichtesten für Akkordziffern beziehungsweise verdientes Geld aufzustellen. Dabei kann eine solche Statistik zumeist keinen Anspruch auf Exaktheit erheben, weil ihr die Tatsache der »guten« und »schlechten« Akkorde entgegensteht. Zumeist sind Akkordziffern so aufgestellt, daß es je nach der Art der Arbeit mehr oder weniger hohen Verdienst gibt. In der Zuweisung von guten und schlechten Akkorden in Betrieben »menschelt« es aber sehr. Wer sich gut mit den Meistern steht, bekommt gute Akkorde, wer sich schlecht mit den Meistern steht, bekommt schlechte Akkorde[10].

---

9 *Der Bearbeiter:* Auch diese erwiesene Tatsache ist für die »Normalleistung« von Bedeutung.

10 *Der Bearbeiter:* Ich habe lange gezögert, ehe ich mich entschloß, diesen Absatz stehen zu lassen. Wir müssen bedenken, daß es auch heute noch manche Arbeit mit Akkordentlohnung gibt, die nicht auf exakter Zeitvorgabe basiert, sondern auf Schätzung

Auch andere Betriebszahlen bestätigen das oben angegebene Gesetz von der direkten Beziehung der Größe der Streuung zu der Kompliziertheit der Arbeit. Aber die viel geringere Streuung von Betriebszahlen gegenüber arbeitspsychologisch gewonnenen Zahlen, wie wir sie in obigen Kurven sehen, ist unverkennbar. Und das ist auch durchaus verständlich, wenn man bedenkt, welche Faktoren im Gegensatz zu arbeitspsychologischen Prüfungen im Betrieb vorliegen. Wenn einmal ein Akkord festgesetzt ist, so besteht seitens der Akkordarbeiter eine Tendenz, sich um diesen Akkord herumzubewegen, schon allein aus der Tatsache des »Gruppentempos« heraus. Dieses wirkt in Richtung einer Beschleunigung der Langsamen und Verlangsamung der Schnellen. Zugrunde liegt: »Man verdient bei dieser Arbeit ungefähr X Mark«.

Daß hierbei die sehr Langsamen ausfallen, erklärt sich daraus, daß diejenigen, die »weit unter Akkord« bleiben, von selber gehen oder an einen anderen Arbeitsplatz versetzt werden. Daß fernerhin extreme Werte dadurch ausfallen, daß die Spitzenleistenden von seiten der Kameraden gebremst beziehungsweise aus Furcht vor der Akkordschere selbst bremsen, ist, solange immer noch der wenn auch unbegründete Verdacht besteht, die Akkordschere würde von uneinsichtigen Betriebsleitern scharf gehalten, verständlich. Fernerhin macht sich geltend, daß mit f o r t s c h r e i t e n d e r Ü b u n g die K o n t r a s t e der Arbeitszeiten innerhalb der

und Gepflogenheit. Selbst eine exakte Zeitvorgabe läßt doch einen gewissen Spielraum in der Mengenleistung zu, wenn zum Beispiel die Anzahl zugeteilter Stellen nicht dem jeweiligen »Optimum« angepaßt wird. In der Zwirnerei müßte beispielsweise die Zahl der zu bedienenden Spindeln bei jeder neuen Partie stets neu festgelegt werden. Wo das nicht der Fall ist, gibt es eben doch unterschiedlich »gute« Akkorde. Das hat aber mit »menscheln« nichts zu tun. Es ist auch unumstrittene Tatsache, daß erleichternde Änderungen, die durch kleine oder häufige Rationalisierungsmaßnahmen entstehen, sehr oft nicht als Änderung der Vorgabezeit in Erscheinung treten und daher zu »guten« Akkorden führen; auch das hat mit »menscheln« nichts zu tun. Immerhin ist es interessant, sich ins Gedächtnis zu rufen, daß früher die »guten« und die »schlechten« Akkorde weniger durch die objektiven Situationen des Betriebes, als durch »menschliche Schwäche« entstanden. Sonst hätte Poppelreuter ein derartiges Geschehen nicht als die einzige Begründung für die Ungenauigkeit der Statistik angegeben.

Individuen g e m i n d e r t werden. Erfahrungsgemäß werden die von Anfang an Langsamen weitaus schneller als die von Anfang an Schnellen sehr schnell werden. Daß auch dies natürlich zu einer Verringerung der Streubreite führt, ist mathematisch beweisbar[11].

Diese wenigen Hinweise müssen genügen. Eine planmäßige und methodische Untersuchung über die Gesetzmäßigkeit des Streuens von Arbeitswerten muß von Praktikern vorgenommen werden, die die Betriebsstatistik beherrschen.

Ich würde es sehr begrüßen, wenn diese Ausführungen Veranlassung dazu gäben, großzügig an die Aufstellung von Häufigkeitsstatistiken in bezug auf praktische Arbeitsleistungen in Betrieben heranzugehen, da sich in der fernen Zukunft die Möglichkeit auftut, hier auf Grund einer »Großzahlforschung« ganz genaue gesetzmäßige Beziehungen zwischen Einzelzeit, Gesamtzeit, Art der Arbeit und so weiter aufzustellen, die, wie ja mathematisch leicht ersichtlich, ein sicheres Fundament der Sammlung von Zeitwerten abgeben würde.

---

11 *Der Bearbeiter:* Wegen der Bedeutung die der »Leistungsnivellierung« in den Betrieben beigemessen wird — wobei die »Akkordschere« eine besondere Rolle spielt — sei es mir gestattet, auf die Literatur über dieses Thema sowie über die Verringerung der Streubreite der Leistungen hinzuweisen:

In den 60er Jahren war in der Praxis der Betriebe, aber auch in den Auseinandersetzungen zwischen den Sozialpartnern das Thema »Akkordschere« wieder »heiß« geworden. Tonbildschauen der Gewerkschaften forderten wegen ihrer unqualifizierten Behauptungen und Verdächtigungen die scharfe Zurückweisung heraus. Schon viel früher — als der Streit noch nicht entbrannt war — ist von mir in der Zeitschrift der Bundesvereinigung der Deutschen Arbeitgeberverbände »Leistung und Lohn«, Heft 2, Juli 1960, sine ira et studio das Thema »Akkordschere« behandelt worden.

Über die Streubreite der natürlichen menschlichen Leistung und über die von Poppelreuter geschilderte »Einengung« der natürlichen Leistung unter den Gegebenheiten des Betriebes habe ich in der gleichen Zeitschrift (Heft 1, März 1960) ausführlich berichtet. — Im übrigen siehe auch Kapitel 6.6 der »Leitsätze«.

2.4 Die Verschiedenheiten der Arbeitszeiten mehrerer Individuen sind zunächst Verschiedenheiten der Art der Arbeitsausführung

Wenn — ich verweise auf die oben gebrachte Häufigkeits-statistik — mehrere Individuen ein und dieselbe Arbeit beziehungsweise Arbeitsaufgabe in verschiedener Zeit erledigen, so kann man natürlich die Zeit als das tertium comparationis betrachten, das heißt, die Individuen »hinsichtlich ihrer Arbeitszeiten« miteinander vergleichen. Man begeht dabei aber leicht den Fehler, auf Grund dieses Vergleiches der Individuen untereinander in bezug auf die Arbeitszeiten eine falsche Objektivierung vorzunehmen, indem man von »ein und derselben Arbeit in verschiedenen Zeiten« redet.

Das ist falsch. Denn analysiert man genauer, so wird man immer feststellen können, daß den Verschiedenheiten von Arbeits z e i t e n in erster Linie qualitative Verschiedenheiten der Arbeits w e i s e zugrunde liegen; das heißt also, daß es sich nicht um einen quantitativen Unterschied von Zeitgrößen, sondern um Wesensunterschiede in der Art der Arbeitsausführung handelt.

Alle Besonderheiten, die bei der jeweiligen Arbeitsgestaltung im Individuum vorhanden sind und nach der äußeren Konstellation einwirken, kommen auch im Arbeitstempo zum Ausdruck. Wenn etwa das Individuum A zum Herüberschaufeln der Holzklötzchen von dem einen auf das andere Tablett die doppelte Zeit gebraucht hat wie das Individuum B (siehe Abbildung 5), so handelt es sich dabei, wie die Beobachtung ergibt, um z w e i v e r s c h i e d e n e A r b e i t s m e t h o d e n . B nimmt die Klötzchen quasi stoßend und wirft sie, ohne die Ordnung besonders innezuhalten, auf das zweite Brett herüber, wobei er die Ordnung nur von Zeit zu Zeit dadurch herstellt, daß er die Klötzchen zusammenschiebt. Die ganze Ausführung ist sorglos; es fallen ihm mitunter auch Klötzchen daneben. A aber nimmt den einzelnen Klotz sorgsam auf das Schäufelchen, transportiert ihn behutsam auf das andere Brett und legt ihn in genauer Ordnung »haarscharf« mit einer gewissen Pedanterie an den richtigen Platz, dabei häufig die Ordnung durch behutsame Schiebebewegungen verbessernd.

Das erscheint, in Worten ausgedrückt, ganz einfach, ist aber doch sehr schwer zu verwirklichen, weil sich eben »verschiedene Arten von Arbeit« nur ungenau voneinander abgrenzen lassen.

Alle menschlichen Arbeiten sind Ganzheiten, an denen sich alle körperlichen und seelischen Faktoren beteiligen; wenn man Arbeitsleistungen nach Kategorien trennt, so trennt man sie in Wirklichkeit nur nach Hauptsächlichkeiten.

Man trennt die Arbeiten kategorial zum Beispiel in »körperliche Arbeit« einerseits, in »geistige Arbeit« andererseits, in »Aufmerksamkeitsarbeit«, »ungelernte Fabrikarbeit«, »handwerkliche Arbeit«, »monotone Arbeit«, »schöpferische Arbeit« und so weiter. Wie man leicht zeigen kann, sind diese Trennungen weniger theoretisch gesondert als praktisch eingeteilt. Zum Beispiel läßt sich geistige und körperliche Arbeit gar nicht trennen, allerhöchstens muskuläre Arbeit« von »Denkarbeit«. Aber auch dies ist nur ungenau; denn bei jeder körperlichen Arbeit beteiligt sich auch das Denken, und wenn einer nicht — in sein Denken versunken — dasitzt wie ein indischer Nabelbeschauer, so ist auch muskuläre Arbeit Bestandteil jeder geistigen Arbeit, wenn es auch nur Schreiben oder Sprechen beim Diktieren ist.

Versuchen wir Trennungen in einfache Schnelligkeitsarbeit einerseits und Präzisionsarbeit andererseits, so finden wir, daß auch das nicht genau aufgeht; auch in der einfachsten Hantierung steckt ein »Präzisionsfaktor«.

Dem liegt die seelisch-eigenartige Tatsache zugrunde, daß die ganze Reichhaltigkeit organischen Lebens, die aus dem Zusammenhang der Glieder stammt, in der Funktion eines einzelnen Teilgliedes zum Vorschein kommt.

Wenn man will, kann man daraus natürlich mehr oder weniger geistreich nach Belieben einen wissenschaftlichen Skeptizismus herleiten — wie das übrigens in der Psychologie üble Mode geworden ist —, insofern man immer wieder findet, daß die theoretische Analyse »unvollkommen« bleibt. Was ja selbstverständlich ist, wenn das Prinzip stimmt, daß jedes einzelne von allem übrigen abhängt.

Wenn wir also die Frage des Arbeitstempos für kategorial verschiedene Arten von Arbeit getrennt behandeln, tun wir dies in gröberer Analyse; wir würden sonst überhaupt nicht vorwärtskommen.

2.5 Arbeitsweise und damit Arbeitstempo ist Ausdruck des individuellen Arbeitstypus

Wir betrachten hier der Einfachheit halber zunächst eine Hantierungsarbeit ohne wesentliche körperliche Anstrengung. Es gibt da natürlich mannigfachste Arten, von der einfachsten Hantierung an, wo etwa kleine Schachteln rechts von einer Maschine zu entnehmen und links wieder abzulegen sind, bis zu der komplizierten Hantierungsarbeit eines Werkzeugmachers, der einen genau passenden schwierigen Stanzschnitt anzufertigen hat, oder bis zur Arbeit eines Feinmechanikers, der einen schwierigen Mechanismus zusammensetzen soll.

Bei allen solchen Arbeiten ist das Tempo in allererster Linie durch den individuellen A r b e i t s t y p u s bestimmt. Es muß der fachlichen Arbeitspsychologie vorbehalten bleiben, den recht komplizierten Begriff des Arbeitstypus genauer zu analysieren; wir müssen uns hier mit einer Darstellung begnügen, die in erster Linie auf die Praxis zugeschnitten ist. Ohne langatmige Ausführungen geht das, was man unter »Arbeitstypen« versteht, wohl am besten aus einer Reihe von Beispielen hervor:

A ist ein Individuum, welches langsam, aber mit exakten Hantierungen und gleichmäßig arbeitet.

B ist der schnell, hastig, ohne besondere Sorgfalt Arbeitende.

C ist der mit Anfangsantrieb Arbeitende und bald Nachlassende.

D ist der mit starken Unterschieden Arbeitende.

E ist der mehr auf die intellektuelle Seite einer Arbeit sich Einstellende.

F ist der mehr sklavisch nach Anweisung und gelernter Methode Arbeitende.

G ist der von dem Arbeitsziel geleitete spontane Arbeitstyp, der zur Erreichung seines Zieles selbständige Wege einschlägt.

H ist der mehr mit den Händen geschickte Arbeitstyp mit geringer technischer Begabung.

I ist der manuell Ungeschickte, der durch technische Begabung ausgleicht.

K ist der unruhige Arbeitstyp, für den motorische Entladungsmöglichkeiten und wechselnde Eindrücke eine Notwendigkeit bedeuten.

Und so weiter.

2.6 Bei jeder Arbeit ist die gesetzmäßige Beziehung zwischen Tempo und Exaktheit zu beachten

Für die Zwecke des Arbeitsstudienmannes ist am allerwichtigsten die Unterscheidung der Arbeiter hinsichtlich der Exaktheitsarbeit. Bei jeder Arbeit, nicht nur der Hantierungsarbeit, sondern auch übriger körperlicher und geistiger Arbeit, tritt der typologische Unterschied hervor, daß sich die Menschen in die hauptsächlichen drei Gruppen sondern:

— die Exakten,

— die Unexakten,

— die Mittleren, für die es ein besonderes Wort nicht gibt.

Ferner:

— die Langsamen,

— die Schnellen,

— die Mittleren im Tempo.

Es gibt zweifellos Menschen, die in ihrer A r t , Arbeiten zu erledigen, übereinstimmen, sich aber nur bezüglich L a n g - s a m k e i t und S c h n e l l i g k e i t voneinander unterscheiden. Es ist aber wesentlich, daß diese Fälle, die nach der üblichen Ansicht häufig sind, bei wissenschaftlicher Analyse sich als ganz selten herausstellen.

Im übrigen aber bestehen zwischen den beiden Gruppen so innige Beziehungen, daß man sie typologisch zusammenbringen muß. Danach haben wir also die Arbeitsgruppen:

Schnell und unexakt; schnell und exakt; langsam und exakt; langsam und unexakt; mittel dem Tempo nach, mittel der Exaktheit nach.

Die Zahl der so getrennten Typen würde noch größer werden, wenn man die Prädikaturen nicht nach der 3-er-Teilung, sondern nach der 5er-Teilung aufstellen würde, also sehr exakt, exakt, mittel, wenig exakt, sehr unexakt und dementsprechend auch sehr schnell, schnell, mittel, langsam, sehr langsam unterscheiden würde.

Es ist eine für die Praxis ganz besonders wichtige Erkenntnis, daß diese T y p e n v e r t e i l u n g   n i c h t   r e g e l l o s ist, sondern daß hier b e s t i m m t e B e z i e h u n g e n obwalten, die in Häufigkeitsstatistiken faßbar sind.

Es ist schon eine vulgäre Erkenntnis, daß sich Schnelligkeit sehr leicht mit Unexaktheit paart und daß präzises Arbeiten Langsamkeit erfordert.

Statistisch ist als korrelative Beziehung erwiesen, daß Schnelligkeit Unexaktheit bedingt, dagegen Exaktheit Langsamkeit erfordert. Keineswegs ist aber diese Beziehung eindeutig umkehrbar: Während große Schnelligkeit fast immer Unexaktheit hervorruft, kann unexakte Arbeit auch die Folge von Müdigkeit, Ungeschicklichkeit, schlechtem Arbeitswillen und so weiter sein und in solchen Fällen auch mit langen Zeiten einhergehen. Infolgedessen kann auf der anderen Seite Langsamkeit auch bei sehr fehlerhaften Arbeiten vorkommen, während bei sehr exakten Arbeiten lange Zeiten die Regel bilden.

Die Korrelation kann wegen des Hineinspielens mannigfaltigster Faktoren allgemein nur in Form einer Regel und nicht als Gesetz, wie etwa ein physikalisches, ausgesprochen werden.

Bei einer Anzahl von reinen Fällen, das heißt Fällen gleicher Begabung, Willenseinstellung, Körperfrische, Einübung und so weiter, müßte die Korrelation ihren Ausdruck in der Übereinstimmung der beiden Rangreihen nach Tempo und Präzision finden, so daß also in diesem Idealfalle der Langsamste auch der Exakteste, der Zweitlangsamste auch der Zweitexakteste wäre und so weiter bis zum Schnellsten, der der Unexakteste wäre. — Die mathematische Ausrechnung der Korrelation würde durch das Hineinbeziehen der unreinen Fälle einen Wert vortäuschen, der keine Konstanz beanspruchen könnte, so daß wir die interindividuelle Korrelation nur so fassen dürfen: Arbeitet jemand schneller als ein anderer, so arbeitet er wahrscheinlich auch unexakter und umgekehrt. — Die analoge intraindividuelle Korrelation, die aussagt, daß jemand um so unexakter arbeitet, je schneller er hantiert, beziehungsweise desto exakter, je langsamer er arbeitet, tritt wegen der viel weniger variablen Nebenumstände innerhalb ein und derselben Persönlichkeit bei weitem zwangsläufiger in Erscheinung, wie die Einzelexperimente zeigen. Jedoch spielen auch hier — mindestens im Stadium früher Einübung — Faktoren eine Rolle, die stärker sind als der Zwang des Tempos.

Die Konsequenzen dieser Feststellungen für den Arbeitsstudienmann sind mannigfach. Die wichtigste ist, daß er mit »optimalen Typen«, welche Schnelligkeit mit Korrektheit kombinieren, nur dann rechnen kann, wenn es sich um Arbeitsleistungen handelt, für die nur wenige Personen benötigt werden — dann kann er sich solche Typen aussuchen —, er kann dies aber keinesfalls, wenn es sich um eine größere Anzahl benötigter Arbeiter handelt.

Der Arbeitsstudienmann muß sich, wenn er nicht Gelegenheit hat, durch psychotechnische Begutachtung der Arbeiter[12] optimale oder ihm nahekommende Typen auszusuchen, stets bewußt sein, *daß er bei allen Zweikomponentenarbeiten nicht an die Grenze der überhaupt erreichbaren Geschwindigkeit herankommen darf.* Er muß ausdrücklich ermitteln, wo es anfängt, daß bei der Mehrheit der Menschen ein Tempo die Exaktheit weitgehend schädigt.

Es ist sonderbar, daß man in der betriebswissenschaftlichen Literatur, wo doch so vieles steht über »Ermüdungszuschläge«, dem Wort »Präzisionszuschlag«, welcher mir die viel größere praktische Bedeutung zu haben scheint, nicht begegnet[13].

---

12 Ich habe in diesem ganzen Buche die eigentliche psychotechnische Begutachtung der Arbeiter herausgelassen. Die besonders wichtigen Beziehungen, die zwischen psychotechnischer Begutachtung und Zeitstudien obwalten, sollen gesondert behandelt werden.

13 *Der Bearbeiter:* Hier irrt Poppelreuter! Ermüdungszuschläge sind Zeitzuschläge, während »Präzisionszuschläge« auf der Ebene des »Wertes« der Arbeit liegen und die Anforderungen charakterisieren, die die Arbeit an den Arbeitenden stellt. In jeder richtigen Arbeitsbewertung — ob es sich um die »analytische« Bewertung oder um Rangreihen oder um ein Lohngruppenschema handelt — wird eine Arbeit um so höher bewertet, je mehr Präzision verlangt wird, also je höher die Anforderungen an Können, Ausbildung, Aufmerksamkeit, Verantwortung und so weiter sind. Und die höhere Bewertung findet auch im Lohn ihren Ausdruck. Aber zu Poppelreuters Zeiten kannte man eine echte Arbeitsbewertung noch nicht. Ich erinnere mich aber noch an zahllose Gespräche mit Poppelreuter, daß er, als er dieses Buch schrieb, unter dem »Präzisionszuschlag« noch an etwas anderes dachte als an einen reinen Arbeitsbewertungsgesichtspunkt. Da der Hinweis auf diesen Zuschlag im Zusammenhang mit der Erörterung der »Arbeitstypen« erfolgt, wollte er den Präzisionszuschlag nicht auf die objektive Anforderung

Beim Besuch eines kleinen Werkes, das hochwertige optische Instrumente herstellt, berichtete mir der Leiter, daß es bei ihnen umgekehrt sei als anderswo: Die Arbeiter drängten darauf, durch Akkord ihre Löhne zu steigern und er bestünde auf dem Zeitlohn. Er wisse selber ganz genau, was geleistet werden könne und stünde sich bei dem Zeitlohn deshalb besser, weil nach Versuchen die Qualität der Arbeit sofort gewaltig gesunken sei, als dem Arbeiter die Möglichkeit gegeben war, durch Akkord mehr zu verdienen.

Ich überlasse es der technischen Literatur beziehungsweise der Praxis, auch im Entlohnungssystem dem Präzisionsfaktor den breiteren Raum zu gewähren, wie dies nötig ist.

---

abgestellt wissen, die eine exakte Arbeit an den Menschen stellt, sondern auf die subjektive Fähigkeit, exakte Arbeiten ausführen zu können. Ich selber habe das später in meinen Veröffentlichungen das »Potential« genannt. Wenn eine Arbeit die Fähigkeit verlangt, Tempo und Exaktheit in Einklang zu bringen, also je nach dem Überwiegen des einen oder des anderen Erfordernisses das Tempo zu variieren, so ist das nicht allein mit dem jeweils aufzuwendenden Grad der Präzision hinreichend zu erfassen, sondern auch die Fähigkeit der »Abstimmung« von Tempo und Präzision, also des »Potentials« muß im »Wert« der Arbeit zum Ausdruck kommen. Das ist allerdings nicht — wie Poppelreuter meinte — ein Zuschlag analog dem Erholungszuschlag als Zeitzuschlag, sondern ein wertmäßiger Ausdruck. Er findet seine Anwendung nicht in der Vorgabezeit (wie der Ermüdungszuschlag), sondern in der Höhe des Lohnansatzes (Lohngruppe oder Akkordrichtsatz oder Wertpunkte o. a.).

3 Die Wirkung von Ermüdung, Pausen, Willensanspannung und anderen Einflüssen auf Menge und Genauigkeit der Arbeit

3.1 Der zeitliche Ablauf der Arbeit wird nicht bevorzugt durch »Ermüdung« bestimmt; »Ermüdung« darf dabei nicht schematisiert werden

Überwiegend stand in früheren Jahren und auch heute noch im Vordergrunde der menschlichen Arbeitswissenschaft das Problem »Ermüdung«.

Man muß bei der Frage der Ermüdung die laienhaften von den wissenschaftlichen Begriffen sehr scharf trennen.

W i s s e n s c h a f t l i c h liegt das Problem der Ermüdung g a n z u n g e h e u e r k o m p l i z i e r t. Man kann beinahe sagen, daß »Ermüdung« ein Begriff ist, der sowohl in der Physiologie als auch in der Psychologie nur »orientierend« ist, von dem aus man fast sämtliche zeitlichen Abläufe körperlicher und seelischer Vorgänge auf ihre Gesetzmäßigkeit hin betrachtet.

Es ist zwar Brauch geworden, daß sich die praktische Psychologie, soweit es sich um »Arbeit« handelt, auch um die rein physiologischen Dinge kümmert. Dies mit Recht, weil sich bei der Arbeitswissenschaft Körperliches und Geistiges überhaupt nicht trennen läßt. Ich will diesem Brauch, obwohl ich selbst auf dem Gebiete der Arbeitsphysiologie kein Fremder bin, nicht folgen und mich hier, soweit es geht, auf die psychologischen Dinge beschränken.

Die Einseitigkeit, die dadurch in meine Ausführungen hineinkommt, bitte ich durch ein gründliches Studium der einschlägigen Literatur ausgleichen zu wollen[14].

Wissenschaftlicher und laienhafter Begriff unterscheiden sich insofern schon von vornherein, als der Laie die Ermü-

---

14 *Der Bearbeiter:* Siehe als neuzeitliche Literatur die zahlreichen Veröffentlichungen des Max-Planck-Institutes für Arbeitsphysiologie in Dortmund, insbesondere solche von Lehmann und Graf, ferner von Birkwald, Hettinger, Kaminsky, Oberhoff, Pornschlegel, Rohmert, Schmidtke, Scholz, Spitzer u. a.

dung einseitig als eine besondere Folge der »Anstrengung« betrachtet, wobei er sich allerdings mit der primitiven Erfahrung schon in Widerspruch setzt, daß es viele Menschen gibt, die, auch wenn sie den ganzen Tag nichts getan haben, abends müde sind.

Wissenschaftlich gesprochen fängt die Ermüdung mit dem Augenblick schon wieder an, wo die Erholung durch den Schlaf geendet hat, und bei »Anstrengungen« handelt es sich nur um graduelle Verschärfungen jeder körperlichen und seelischen Betätigung im Wachzustand.

Insbesondere hat sich in die betriebswissenschaftliche Literatur die Ansicht eingeschlichen, Ermüdung sei ein Sonderzustand; es kann daher nicht wundern, wenn eine falsch gestellte Frage auch falsch beantwortet wird.

Wendet man die wissenschaftlichen Erkenntnisse über die Ermüdung auf die Praxis an, so geschieht dies nur unter der Voraussetzung einer zum Teil ganz erheblichen Simplifizierung des Tatbestandes, die stellenweise so weit geht, daß man vor einer Zuhörerschaft von Ingenieuren — nur um sich verständlich zu machen — eine Darstellung wählen muß, die in einer Versammlung von Fachwissenschaftlern, etwa von Physiologen, vorzubringen man sich hüten würde.

Die Unterscheidungen, die die Wissenschaft dem Praktiker empfiehlt, sind mannigfach. Zunächst einmal haben wir zu trennen »körperliche« und »geistige« Ermüdung, obwohl sich beides, wie wir sehen werden, nicht sicher trennen läßt, die sogar — steht man auf dem Standpunkt der physiologischen Psychologie — als eine untrennbare Einheit anzusehen ist.

Es ist zwischen »Ermüdung« und »Erschöpfung« zu unterscheiden, wobei wir unter letzterem einen Zustand von Ermüdung verstehen, dessen Grenze bereits in das Abnorme, wenn auch noch nicht »Krankhafte« verschoben erscheint. Besonders muß man sehr genau unterscheiden zwischen der »subjektiven« und der »objektiven« Ermüdung. Man kann sich sehr frisch fühlen und dabei schwer ermüdet sein — und umgekehrt.

Ferner muß die Arbeitspsychologie dem Ingenieur klarmachen, daß die G l e i c h s e t z u n g v o n L e i s t u n g s -
m i n d e r u n g und E r m ü d u n g gerade deshalb, weil sie dem physikalischen Denken des Ingenieurs naheliegt, eine
f a l s c h e O r i e n t i e r u n g ist. Denn es können sich Mehrleistungen mit Ermüdung verbinden — und umgekehrt.

Man muß sich immer klarmachen, daß man zunächst ohne eine besondere Erklärung den Tatbestand der Änderung der menschlichen Leistungswerte im Zeitaufwand als solche festzustellen hat. Die Deutungen kommen erst in zweiter Linie!

Es ist selbstverständlich, daß der Arbeitsstudienmann die Ablaufgesetze der menschlichen Arbeit kennen muß. Zunächst einmal deshalb, weil er ja in den weitaus meisten Fällen darauf angewiesen ist, einen oder wenige Zeitwerte herauszugreifen. Will er daraufhin verallgemeinern, so muß er wissen, wie relativ dieser Zeitwert innerhalb eines Arbeitsablaufes von Stunden, Tagen und Wochen ist.

Pioniere auf diesem Gebiete der exakten Ablaufgesetze menschlicher Arbeit waren der Physiologe M o s s o und der Psychologe und Psychiater K r a e p e l i n. Der erstere gab uns die Gesetze des Ablaufs der körperlichen, der zweite die der geistigen Arbeit.

Die Verdienste Mossos und Kraepelins als Begründer einer exakten Arbeitsphysiologie bzw. -psychologie sind so groß, daß eine Kritik an ihrer Arbeit, die bereits mehrere Jahrzehnte hinter uns liegt, sie nicht schmälern kann.

Allerdings — das müssen wir mit allem Nachdruck betonen — die Verallgemeinerung der von diesen Wissenschaftlern theoretisch gefundenen und laboratoriumsmäßig begründeten Gesetze auf die praktische Arbeit hat sich als gänzlich falsch herausgestellt; die heute allgemein vorzufindende Übertragung dieser Gesetzmäßigkeit auf die Verhältnisse praktischer Arbeit, wie man ihr auch in der Zeitstudienliteratur begegnet, ist unrichtig.

Der gesamte Ablauf menschlicher Arbeit ist, genauso wie wir dies für die Streuung der absoluten Zeitbeträge bewiesen haben, a b h ä n g i g von der A r t der A r b e i t und von der A r b e i t s i n d i v i d u a l i t ä t.

Diese Abhängigkeiten sind quantitativ sehr viel größer als die Abhängigkeit von einem gewissermaßen »abstrakten Arbeitsablaufgesetz«, das man gewinnt, wenn man eine bei der Mehrzahl der Individuen hervortretende Regel zum Gesetz verallgemeinert.

Überblickt man Arbeitsabläufe allerverschiedenster Art bei verschiedenen Individuen, so kann man nicht anders, als zunächst die Feststellung aussprechen: »Die Schwankungen erscheinen völlig irregulär, ungesetzmäßig«. Gesetzmäßig ist nur, daß in einem zeitlichen Verlauf nur ausnahmsweise

Arbeitszeiten nahezu konstant bleiben, daß sie im übrigen aber schwanken, bald mit großen, bald mit kleinen Beträgen, daß die Zeiten bald abnehmen, bald zunehmen, bald zuerst abnehmen, später zunehmen und so weiter. Kurzum, sie entziehen sich völlig einer allgemeingültigen mathematischen Formulierung. Daraus ergibt sich für den Zeitnehmer die Notwendigkeit:»Aufklärung der Ablaufbesonderheiten ist in jedem einzelnen Falle nötig.«

Es ist nicht nur historisch, sondern auch didaktisch zweckmäßig, wenn wir uns für die Gesetzmäßigkeit des Ablaufs menschlicher Arbeit zunächst auf die Experimente von Mosso und Kraepelin beziehen.

Die Methode Mossos ist früher (Seite 26) beschrieben worden. Die Versuchsanordnung Kraepelins bestand in der Ermittlung der Gesetzmäßigkeit des Ablaufs für gleichförmiges Rechnen.

Die Prüflinge bekamen Hefte mit vorgedruckten einfachen Additionsaufgaben. Von Zeit zu Zeit wurde ein Glockensignal gegeben (die Teste fanden zumeist als Massenversuche statt), worauf jeder Prüfling an der Stelle, wo er gerade beim Addieren war, einen Strich machte. Diese Versuche wurden dann mehr oder weniger lange fortgesetzt, die Pausen variiert, der Einfluß des Alkohols und übriger Nervengifte studiert und so weiter.

Die Kraepelinsche Arbeitskurve ist demnach zu charakterisieren als eine Mengenkurve in Zeiteinheiten. Graphisch sieht sie aus wie Abbildung 9. Die in jeder Zeiteinheit, also etwa 5 Minuten, gerechnete Menge wird als Ordinate dargestellt, während in der Abszisse die ablaufende Uhrzeit dargestellt ist.

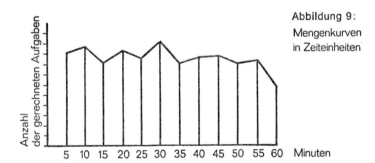

Abbildung 9:
Mengenkurven
in Zeiteinheiten

Es ergibt sich dann irgendeine empirische Kurve. Kraepelins Gedankengang war nun, daß diese Kurve — ebenso wie sich physikalische Kräfte nach dem Gesetz des Kräfteparallelogramms vollziehen — verschiedene, einerseits auf Beschleunigung, andererseits auf Verlangsamung zielende Einzelkomponenten enthielte.

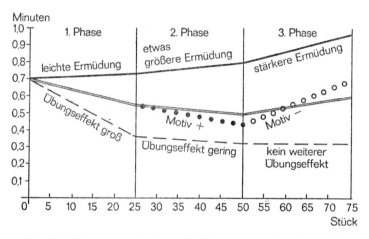

Abb. 10: Wirkung verschiedener Einflüsse auf das Arbeitsergebnis

Abbildung 10 zeigt schematisch die Wirkung verschiedener, teils untereinander entgegengesetzter Einflüsse auf das Arbeitsergebnis, wobei die echte Ermüdung nur e i n e Einflußgröße ist[14a]. Eine ständig wiederholte gleiche Arbeit (z. B. das Bohren von Löchern mit der Handhebelbohrmaschine) ist hier zur Verdeutlichung des zeitlichen Ablaufs willkürlich in 3 Phasen eingeteilt, die in Wirklichkeit natürlich ohne »Knicke« ineinander übergehen. Die ersten Löcher der

---

14a *Der Bearbeiter:* In Abweichung von der in der Originalausgabe von Poppelreuter kommentierten Kraepelin'schen Deutung der Komponenten der Arbeitskurve (z. B. die oszillatorisch verlaufende Willensanspannung) habe ich in der 2. Auflage der Neubearbeitung eine verständlichere, aber im Grunde damit übereinstimmende Darstellung der Wirkung verschiedener Einflüsse auf das Arbeitsergebnis gegeben. Der Verlauf der menschlichen Arbeit wird nämlich sehr wesentlich außer durch Ermüdung und Willensanspannung gesteuert durch Übung, Gewohnheit und Motive (z. B. Verdienen wollen, Freude am Erfolg der Arbeit, Ärger und Mißerfolg usw.).

1. Phase nehmen etwa 0,7 Min. in Anspruch. Im weiteren Verlauf tritt leichte Ermüdung ein, die sich in Verlängerung der Zeit ausdrückt. Gleichzeitig macht sich jedoch ein erheblicher Übungseffekt in Zeitverkürzung bemerkbar, so daß sich der tatsächliche Zeitverlauf als Resultante beider Einflußgrößen ergibt.

In der 2. Phase wird die Ermüdung größer, während der Übungseinfluß abnimmt. Hinzutreten möge jedoch als weiterer Einfluß ein förderndes Motiv, z. B. das Sichtbarwerden eines guten Erfolges, verbunden mit der Freude an der Arbeit. Der Verlauf der Ergebniskurve entsteht somit als Resultierende aus 3 Komponenten.

In der 3. Phase nimmt die Ermüdung deutlich weiterhin zu, während der Übungseffekt zu Ende ist. Gleichzeitig schlägt das vorher positive Motiv (Freude an der Arbeit) in ein negatives um, z. B. in die Erkenntnis, daß der Arbeitende bei Fortsetzung des Tempos Raubbau an seinen Kräften treiben würde.

Daß in der 2. Phase trotz objektiver Ermüdung ein besseres Leistungsergebnis (kürzere Zeit je Stück) erzielt wird, ist neben dem Übungseffekt der positiven Motivation zu verdanken. Umgekehrt wäre es falsch, z. B. in der 3. Phase lediglich aus der Verlängerung der Zeiten auf den Umfang der Ermüdung zu schließen, und die Höhe der Erholungszuschläge aus der Zeitverlängerung mathematisch zu ermitteln. Wie kompliziert die Einflußwirkungen sind, wird klar, wenn man z. B. Beschleunigung der Hantierung auch dann beobachten kann, wenn ausgesprochene Unlust gegenüber der Arbeitsaufgabe besteht — offensichtlich mit dem Ziel, möglichst schnell mit der unangenehmen Arbeit fertig zu werden.

Die Arbeitskurve ist in erster Linie die Manifestation der jeweiligen Art des Willensverhaltens.

Zunächst erkannte man, daß die Ermüdung sich nicht einfach schematisch, wie man dies zu denken geneigt sein kann, in einer Verlangsamung oder aber in einer qualitativen Verschlechterung der Leistung äußert. Man machte die Erfahrung, daß es Individuen gibt, die trotz einer deutlichen, schon im Äußeren erkennbaren Ermüdung eine Beschleunigung in der Zeit und Verringerung in der Fehlerzahl zeigten, weil es ihnen eben möglich war, durch eine vermehrte Willensanspannung die Leistung immer besser zu gestalten, trotz zunehmender Ermüdung.

Auf der anderen Seite lernte man Individuen kennen, deren Arbeitskurve äußerlich etwa wie eine theoretische Ermüdungskurve aussah, bei denen sich die Zeiten verlängerten und die Fehler vermehrten, und doch die Beobachtung zwingend zeigte, daß nicht Ermüdung die Ursache der Veränderung war, sondern ein Nachlassen des »inneren Antriebes«, des »Arbeitswillens«, hervorgerufen durch Unlust gegenüber der Art der Arbeit oder aber generelle Arbeitsunlust.

Es ist klar, daß das, was wir in Kapitel 2.3 von der Arbeitszeit als solcher gesagt haben, natürlich auch für den Gesamtverlauf der Arbeitsweise gelten muß. Das heißt also: E s g i b t k e i n e n k ö r p e r l i c h - s e e l i s c h e n F a k t o r, d e r n i c h t a u f d e n V e r l a u f d e r A r b e i t s k u r v e e i n w i r k t. Es ist allerdings sehr schwer, das Quantitative solcher Einflüsse nachzuweisen. Danach wäre die Arbeitskurve also abhängig von der Stimmung, vom Wetter, von der Temperatur im Arbeitsraum, von dem Umstand, ob allein oder in Gruppen gearbeitet wird, ob am Abend vorher Alkohol getrunken worden ist, ob die Lohnzahlung in der Nähe ist, ob zur Arbeitsaufsicht Sympathie besteht und so weiter. Ich habe mit Absicht hier die Faktoren durcheinandergewürfelt. Man könnte diese Aufzählung noch beliebig weiter fortsetzen.

Aber auch hier gilt dasselbe, was für die Analyse der Arbeitszeiten schon gesagt worden ist: Der Zeitnehmer muß nach den H a u p t s ä c h l i c h k e i t e n gehen, das heißt, die Dinge gröber betrachten. Er würde sonst überhaupt nicht vorwärtskommen. Er ist hier durch die arbeitswissenschaftliche Forschung gedeckt, die, wenn sie auf der einen Seite auch den Einfluß aller solcher Faktoren nachweist, auf der anderen Seite aber auch bestätigt hat, daß sich hauptsächlich Verhältnisse vorfinden, auf Grund deren man berechtigt ist, vom Detail abzusehen.

3.2 *Bei der körperlichen Arbeitskurve der Betriebspraxis spielt auch die Verkürzung der Arbeitszeiten[15] bzw. die Zunahme an Menge trotz Ermüdung eine große Rolle*

---

15 *Der Bearbeiter:* Poppelreuter meinte nicht die Verkürzung der wöchentlichen Arbeitszeit z. B. auf 40 Stunden, sondern den kürzeren Zeitaufwand je Einheit.

Ich erinnere zunächst an das auf Seite 26 dargestellte Mosso-sche Ergogramm. Die Einfachheit der Kurve, die Autorität der Wissenschaft, hat diesen Tatbestand für die Praxis ver-allgemeinert. Demnach erscheint es nicht nur selbstverständ-lich, sondern als wissenschaftlich begründet, daß sich bei körperlicher Arbeit im weiteren Verlauf die Ermüdung in einer Verringerung der Leistung beziehungsweise Verlänge-rung der Arbeitszeiten äußern müsse. Ich brauche nur an die Praxis der »Ermüdungszuschläge« zu erinnern.

Hat man erst einmal praktische Arbeitsabläufe analysiert, so muß man sich überhaupt wundern, wie es zu der einfachen Übertragung des Mossoschen Ergogramms kommen konnte. Sind doch die Verhältnisse der beiden Tatbestände so ver-schieden wie nur möglich.

Im Laboratoriumsergogramm haben wir entsprechend der zu-meist maximalen Belastung des Muskels bei größter An-strengung schon nach kurzer Zeit eine deutliche Ermüdung beziehungsweise Erschöpfung, die sich nicht nur in den ein-zelnen Kraftwerten, sondern auch in dem ganzen physiologi-schen Habitus der Versuchsperson äußert; abgesehen von geringen Schwankungen des »Antriebes« wird mehr oder weniger progressiv bis zu dem Punkte deutlicher Erschöp-fung beziehungsweise schwerer Ermüdung fortgearbeitet.

Demgegenüber erscheint der Arbeitsablauf der Betriebs-praxis als gleichförmig. Nur selten wird man in der sech-sten bis achten Stunde des Arbeitstages erhebliche Er-müdung etwa des Maurers bemerken können, Erschöpfung erst recht nicht. Die W i l l e n s a n s p a n n u n g bei ergo-graphischen Versuchen ist maximal. Von vornherein geht die Versuchsperson mit dem größten Antrieb an die Arbeit heran. Das Ergogramm ist »Hetzarbeit«. Das fehlt in der Pra-xis. Nur in besonderen Fällen werden geübte Augen feststel-len können, daß bei der praktischen Arbeit eine größere Wil-lensanspannung vorhanden ist.

Das Tempo des Ergogramms pflegt maximal zu sein, bezie-hungsweise sehr nahe an der Grenze des Möglichen zu liegen. Bei der praktischen Arbeit ist auch dies nicht der Fall. Man sieht es den Hantierungen des Maurers direkt an, daß er sie »an sich«, der physiologischen Möglichkeit nach, mit viel größerer Geschwindigkeit ausführen k ö n n t e . Er hält ein Tempo ein, welches unterhalb des physiologisch Möglichen liegt, weil es sich um eine Dauerarbeit handelt; wie weit unterhalb, läßt sich nicht so leicht schätzen[16].

Das Tempo des typischen Ergogramms ist gebunden, durch Metronomschläge bestimmt, das Tempo der praktischen Arbeit zumeist frei, das heißt durch das Individuum selbst bestimmt. Das Tempo des Ergogramms pflegt konstant zu sein, das Tempo der praktischen Arbeit ist Schwankungen unterworfen[17].

Beim Ergogramm sind Pausen entweder nicht erlaubt, oder aber sie sind festgelegt. Im Gegensatz dazu pflegen bei der praktischen Arbeit die Pausen — obwohl sie häufig als solche nicht so deutlich sichtbar gemacht werden — spontan, in ihrer Häufigkeit, Zeitlage und in ihrer Länge frei, zumeist in das Belieben des Individuums gestellt zu sein.

Die allgemeine psychische Einstellung zu beiden Tatbeständen ist recht verschieden. Im Laboratoriumsexperiment handelt es sich um ein »Abhetzen auf Befehl«, bei der gewöhnlichen Arbeit um die »Einstellung auf gewohnte Tagesarbeit«. Die praktische Arbeit unterliegt zumeist einer Einstellung auf die »Hervorbringung eines Arbeitsproduktes« und wird hierdurch mehr oder weniger beeinflußt. Das Laboratoriumsergogramm ist »Anstrengung an sich«.

Entsprechend diesen Überlegungen habe ich nun der Reihe nach die Bedingungen der Laboratoriumsexperimente im Hinblick auf die andersgearteten Verhältnisse der Praxis verändert und bin dabei zu einer Aufklärung des Tatbestandes gekommen, von der ich einiges, für die Praxis Wichtige erläutern will.

Zunächst zeigte sich die B e h a u p t u n g von der V e r - l a n g s a m u n g als Folge zunehmender Ermüdung als f a l s c h für diejenigen körperlichen Arbeiten, bei denen die Belastung nicht maximal ist und bei denen Pausen erlaubt sind.

Läßt man Versuchspersonen guten Arbeitswillens im Laboratorium unter den auf die Betriebspraxis umgestellten

---

16 *Der Bearbeiter:* Das hat natürlich mit der Schätzung des Leistungsgrades zur Ermittlung der Normalzeit nichts zu tun. Diese Überlegung könnte höchstens bei einem Versuch Anwendung finden, nach der obersten Grenze der menschlichen Leistung bei industrieller Arbeit zu forschen.

17 *Der Bearbeiter:* Fließarbeit oder Taktarbeit haben eine größere Verwandtschaft zum Ergogramm.

Arbeitsbedingungen körperliche Arbeiten verrichten, deren Belastung etwa mittel ist, dann ist als Gesetz die V e r - m e h r u n g der A r b e i t s l e i s t u n g und die V e r k ü r - z u n g der A r b e i t s z e i t festzustellen. Dabei zeigt sich teilweise ein umgekehrtes Verhältnis zur Ermüdung. *Es kann eine subjektiv empfundene und objektiv in den äußeren körperlichen Zeichen ersichtliche Ermüdung recht weitgehend fortgeschritten sein und trotzdem die Arbeitsgeschwindigkeit deutlich zunehmen.*

Die Zunahme an Leistung trotz progressiver Ermüdung ist keineswegs paradox, sondern sogar Regel. Umgekehrt zeigt sich, daß ein L a n g s a m w e r d e n des Tempos in erster Linie auf einen s c h l e c h t e n A n t r i e b zu beziehen ist, auf Mangel an Arbeitswillen und Disziplinierung, auf Arbeitsunlust, sich umgekehrt also mit geringerer »wirklicher« Ermüdung kombiniert.

3.3 Die spontanen Pausen bei anstrengender körperlicher Schwerarbeit sind nicht ohne Gesetzmäßigkeit; vielmehr zeigt sich unter anderem die Regel: Die Pausen werden im weiteren Verlauf häufiger und länger, dabei aber überwiegt stark die Verlängerung

Es handelt sich hier nicht um die Untersuchung der Pausenwirkung, die sich seither fast ausnahmslos so vollzogen hat, daß man die erholende beziehungsweise arbeitsvermehrende Wirkung von in bestimmten Zeitabständen fest eingelegten Pausen untersuchte, sondern um die »spontanen« — nach eigenem Ermessen angewandten — Pausen, die die Arbeiter bei allen Arbeiten machen, falls sie nicht unter einem direkten Zwang stehen, die aber ganz besondere Bedeutung bei der körperlich anstrengenden Arbeit haben.

Wir konnten auf Grund der selbsttätig mit Registrierinstrumenten aufgezeichneten Arbeitskurven ein sehr großes Material sammeln. Auf den ersten Blick scheint, in sich begreiflich, die spontane Arbeitspause etwas »Willkürliches«, »Zufälliges« an sich zu haben. Findet man doch beim Überblicken des Materials sämtliche an sich möglichen Kombinationen: häufige, kleine Pausen, wenige große, irregulären Wechsel und so weiter. Und doch zeigen sich sehr wichtige Gesetzmäßigkeiten, wenn man erst einmal — geleitet von dem isolierenden Experiment — dahintergekommen ist.

*Zunächst ist Regel, daß auch das Pausemachen in keiner ein-
deutigen Beziehung zur Ermüdung steht. Wir finden vielmehr mindestens ebenso stark beteiligt den »Arbeitswillen«,
den »Antrieb«.*

Fernerhin zeigt sich eine Zweiteilung in solche Individuen,
die häufiger kleine, und in die Individuen, die wenige große
Pausen machen. Auch diese Mannigfaltigkeit steht nicht in
einer eindeutigen Beziehung zur Ermüdung oder zum Antrieb, sondern kommt bei beiden vor. Die Begründung liegt
im Arbeitstypus und muß als individuelle Feststellung gelten, ohne daß es hierfür einer Erklärung bedarf.

Im übrigen aber zeigen sich zwei Regeln, die um so klarer
hervortreten, je mehr man die Fälle häuft:

1. Im Verlauf der körperlich anstrengenden Arbeit nehmen
die Pausen zu sowohl an Häufigkeit als auch an Länge; dabei
ist aber gesetzmäßig, daß die Zunahme an Länge ganz erheblich über die der Häufigkeit hinausgeht.

2. Bei genauer Beobachtung zeigt sich in bezug auf den Pau-
senzuwachs, daß er anfangs ungefähr eine arithmetische
Reihe bildet, dann aber geringer wird, um schließlich gleich-
zubleiben, beziehungsweise um einen Mittelwert herum zu
schwanken.

Dieses Pausengesetz erklärt uns, warum wir bei Zeitstudien
in der Praxis so häufig in den Zahlen ein Nachlassen von
Leistungen finden, und warum wir diese oft fälschlicher-
weise auf Tempoverlangsamung beziehen. Hier liegen dann
oft Fälle vor, in denen die Geschwindigkeitsvermehrung der
eigentlichen Arbeit durch Zunahme von Pausenhäufigkeit
und Pausenlängen überkompensiert wird, so daß also im ganzen die Leistung im Verlauf geringer ausfällt.

*3.4 Für den arbeitssteigernden Einfluß von eingelegten Pau-
sen lassen sich vorläufig allgemeinere Gesetze nicht festlegen; es bleibt vorläufig noch der experimentellen Ermittlung im einzelnen Fall überlassen*

Vorläufig lassen sich allgemeine Pausengesetze für die Praxis noch nicht aufstellen, da diese in ihren Bedingungen zu
sehr variiert. Die Wissenschaft hat Pausengesetze dieser Art
nur für Arbeitsleistungen ermittelt, die sich in eine laborato-

riumsmäßige strenge Form bringen ließen, womit eine Übertragung auf die Verhältnisse der freien Arbeit sehr schwierig wird.

Es ist noch nicht erwiesen, daß mehrere kleine Pausen einen größeren Erholungswert haben als wenige große, oder daß Pausen in der Mitte der Arbeit mehr Wert haben als Pausen gegen Ende.

Es ist daher vorläufig noch eine Aufgabe des Zeitnehmers, mit der er sich auch ohne direkte Unterstützung der Wissenschaft abfinden muß, auf Grund seiner Beobachtungsfähigkeit den Wert der Pausen abzuschätzen. Unter Umständen muß er darüber ausdrückliche Versuche anstellen.

Im allgemeinen gilt nach meiner Erfahrung der Satz, daß bei anstrengender Arbeit Pausen mäßiger Länge die Arbeitsleistung wirtschaftlich nicht so sehr herabsetzen, wie man geneigt ist anzunehmen[18].

---

18 *Der Bearbeiter:* Wegen der großen Bedeutung, die der richtigen Erholungszeit im Betrieb nach belastender Tätigkeit wegen der Erhaltung der Gesundheit und der Leistungsfähigkeit zukommt, halte ich die Bekanntgabe der neuesten Erkenntnisse auf dem Gebiet der Ermüdung und Erholung für unerläßlich, auch wenn dadurch der Rahmen der einfachen Erläuterung der »Leitsätze« überschritten wird. Zwar waren Poppelreuters Erkenntnisse über den Einfluß von Pausen sehr beachtlich, obgleich er selbst noch kein abschließendes Urteil gewonnen, sondern sich auf die Anregung zu weiteren Untersuchungen beschränkt hatte. Diese sind eigentlich erst im letzten Jahrzehnt — insbesondere durch das Max-Planck-Institut für Arbeitsphysiologie, durch dessen frühere Mitarbeiter und heutige Inhaber der arbeitswissenschaftlichen Lehrstühle sowie durch andere Persönlichkeiten (siehe Fußnote 14, Seite 55) — erfolgreich durchgeführt worden.

Der Stand der Dinge ist heute wie folgt: Es ist inzwischen erwiesen, daß m e h r e r e   k l e i n e   P a u s e n einen g r ö ß e r e n E r h o l u n g s w e r t haben, a l s   w e n i g e   g r o ß e. Begründung: Die Erholungswirksamkeit von Pausen ist am Anfang am größten und läßt schnell fallend nach bis nahezu Null. Bei längeren Pausen bleibt somit ein mehr oder weniger großer Teil der ganzen Pausenzeit ohne Wirkung.

Andererseits ist aber auch die H ä u f i g k e i t der Pausen — die mit der Dauer der einzelnen Pausen in Zusammenhang steht — von Bedeutung, weil nach den Arbeitsunterbrechungen oft Anlaufschwierigkeiten auftreten, die die Erholungswirkung beeinträchtigen. Es muß also ein Optimum für den Wechsel zwischen

3.5 Der Einfluß des »durchgängigen« Tempos (des Tempos, welches bei der »eigentlichen Arbeit« angewandt wird) auf die gesamte Leistung ist größer als der die Gesamtzeit verlängernde Einfluß von zwischengeschalteten Pausen

Dieses von mir schon früher an psychologischen Arbeitsprüfungen gefundene Gesetz hat sich seitdem immer wieder auch an praktischen Arbeitsabläufen bestätigt.

Arbeit und Erholung geben, wobei das Zeitintervall von der Höhe der Belastung durch die Arbeit abhängt.
Das von mir gefundene Gesetz Nr. 1 für diesen Komplex lautet: (siehe »Regelwerk der Ermüdung und Erholung«, Mitteilungen des Instituts für angewandte Arbeitswissenschaft) »Je belastender die Tätigkeit, um so kürzer muß die Dauer der Arbeitsphase bis zur Einlegung einer Pause sein«.
(Und nicht: Je belastender die Tätigkeit, umso länger die Erholungszeit).
Es gibt also stets eine für die Höhe der Belastung richtige Dauer der Belastung. Daraus folgt, daß nicht die Erholungszeit variiert werden soll, sondern die Dauer der belastenden Tätigkeit bis zur Einlegung einer Pause.
Das 2. von mir gefundene Gesetz lautet:
»Das Produkt aus Belastungshöhe und richtige Dauer der Tätigkeitsphase mit dieser Belastung ergibt eine konstante Erholungszeit.«
Das 3. von mir für dynamische Muskelarbeit gefundene Gesetz lautet:
»Die konstante Erholungszeit, die sich aus der Belastungshöhe und der richtigen Dauer der Tätigkeitsphase mit dieser Belastung ergibt, beträgt etwa 4 Minuten.«
Erläuterung: Wie hoch auch immer die muskelmäßige dynamische Belastung sein mag, so stellt eine Erholungszeit von etwa 4 Minuten die Wiederherstellung der Kräfte sicher, wenn die belastende Arbeitsphase nicht willkürlich lang ist, sondern entsprechend dem Gesetz Nr. 1, wonach das richtige Zeitintervall für Arbeit und Erholungspause von der Höhe der Belastung abhängt. Da die Konstante »4 Minuten« bekannt ist, und die Höhe der Belastung aus Lehrunterlagen — z. B. der Methodenlehre nach REFA — ermittelt werden kann, läßt sich die jeweils richtige Belastungsdauer vor der Einlegung einer Erholungspause von 4 Minuten mathematisch errechnen.
Ob die Gesetze Nr. 2 und 3 auch für die Belastungen durch andere Belastungsarten, insbesondere Konzentration und Aufmerksamkeit zutreffen, wird zur Zeit noch geprüft.

Es ist verständlich, daß der Zeitnehmer dazu neigt, die Arbeitspausen als »Verlustzeiten« zu betrachten und daraus die Konsequenz zu ziehen, sie als durch Rationalisierung zu gewinnende Zeiten zu betrachten. Doch schon die gewöhnliche Erfahrung zeigt, daß jede Pause eine erholende Wirkung ausübt, und daß danach die Möglichkeit einer relativen Erhöhung der Leistung besteht, trotz des vorübergehenden Zeitverlustes. Diese einfache Überlegung bestätigt sich besonders deutlich bei Arbeitsprüfungen der körperlichen Schwerarbeit. Einen solchen Typus zeigt zum Beispiel die Abbildung 11a. Wir haben hier den Fall, daß recht zahlreiche und auch relativ lange Pausen gemacht worden sind. Aber dennoch ist das gesamte Arbeitstempo ein maximal hohes.

Vergleichen wir zum Beispiel die Leistung dieses Mannes mit der Leistung eines anderen, der überhaupt ohne Pausen durchgearbeitet hat (siehe Abbildung 11b), so sehen wir eine ganz erhebliche Zunahme an Leistung bei dem, der Pausen macht (22 Abschnitte = Leistungseinheiten in Abbildung 11a, aber nur 17 in Abbildung 11b).

Abb. 11a

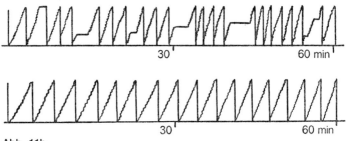

30   60 min

Abb. 11b

Wie die einfache Beobachtung ergab, hat der Mann der Abbildung 11a das m a x i m a l e T e m p o n u r d e s h a l b leisten können, w e i l er diese P a u s e n e i n g e l e g t hat. (Die Kurven stammen von einer experimentellen Schwerarbeit.)

Mit einem schweren Eisenstempel waren Löcher in einen Kartonstreifen zu stanzen. Die Hübe des Stempels wurden auf einen Arbeitsschauuhr-Zählschreiber als »Treppe« selbsttätig aufgezeichnet. Die Neigungswinkel der Schrägen entsprechen der Geschwindigkeit des Arbeitens; die horizontalen Unterbrechungen bedeuten die Pausen.

Es hat sich nun eine Gesetzmäßigkeit gezeigt, die ich als die G e s e t z m ä ß i g k e i t des » d u r c h g ä n g i g e n T e m - p o s « bezeichnet habe. Vergleicht man unter der Voraussetzung guten Arbeitswillens bei zwei Gruppen, von denen die eine viele Pausen gemacht hat, die Leistungen, so übersteigt das Ergebnis der Pausenmachenden das der anderen erheblich. Das heißt also: *Der vermindernde Einfluß der Pausen ist relativ gering gegenüber dem Einfluß durchgängig schnelleren Tempos.* Das heißt weiter, daß man aus den Pausenlängen keinesfalls auf mehr oder weniger gute Leistung schließen kann und ferner, daß eine Berücksichtigung der Pausen als leistungsmindernd nicht zu erfolgen braucht.

Die Konsequenz für die Praxis liegt auf der Hand. Man darf sich bei S c h w e r a r b e i t nur auf die G e s a m t l e i - s t u n g stützen, die man schon weitgehend richtig quantitativ einschätzt, wenn man ein »durchgängiges Tempo« herausgreift und die Pausen ignoriert[19].

Man muß sich also ganz besonders davor hüten, das Pausemachen bei anstrengender Arbeit als einzusparende Zeit und als Schlechtleistung des Arbeiters zu beurteilen.

---

19 *Der Bearbeiter:* Diese Erkenntnis wird auch nicht durch Erfahrungen aus anderen Lebensgebieten mit scheinbar entgegengesetzten Schlußfolgerungen widerlegt. Ich denke zum Beispiel an die Tatsache, daß beim Autofahren ein »zügiges« (laut Poppelreuter: »durchgängiges«), relativ langsames Tempo dennoch eine geringere Gesamtzeit erfordert, als häufig sehr schnelles Fahren, welches durch Halte und gelegentliche Langsamstrecken unterbrochen ist. Das »durchgängige« Tempo im Sinne der Poppelreuterschen Definition schließt aber den Wechsel von schneller und langsamer Fahrweise aus, hebt vielmehr nur auf erholende Pausen ab; und solche spielen meist beim Autofahren keine große Rolle.

Im übrigen liegt in den Ausführungen dieses Kapitels im Einzelnen ein tatsächlicher Widerspruch zum Inhalt des Kapitels 3.3, letzter Absatz. Dazu ist aber zu sagen, was Poppelreuter ein diesem Buch mehrfach betont hat: Niemals entscheidet nur ein Gesichtspunkt; fast immer sind mehrere — manchmal sogar widersprechende Faktoren gleichzeitig am Werk; entscheidend insgesamt ist das jeweils Überwiegende.

Auf diesen Faktor muß man besonders dann scharf achten, wenn es sich nicht um ausdrückliche Pausen handelt, in denen eben der Arbeiter gar nichts tut, sondern um »verdeckte« Pausen, die mit Arbeitsteilverrichtungen ausgefüllt werden, die weniger anstrengend sind. Es ist ganz klar, daß derartige Teilphasen benutzt werden, um für Belastungsphasen Erholungswerte zu gewinnen. Man könnte jedoch leicht zu der Ansicht geführt werden, daß der Arbeiter gerade bei diesen Verrichtungen, wie Holen von Werkzeug, Material und Auskunft »bummele«.

3.6 Für die Verbesserung der Arbeitsleistung durch vermehrte Anstrengung gilt das Gesetz vom »fallenden Wirkungsgrad«; man darf also von vermehrter Arbeitsanspannung nicht allzuviel erwarten

T a y l o r stellt in den Vordergrund den W i l l e n des Arbeiters, s e i n B e s t e s h e r z u g e b e n. Es ist angesichts der reichen Literatur überflüssig, darauf näher einzugehen, wie man gerade daraus einen Vorwurf herleitete, daß der Mensch gewissermaßen »verlockt« würde, in seiner Anstrengung über das zuträgliche Maß hinauszugehen.

Man soll ruhig zugeben, daß diese Möglichkeit besteht, weil in der Tat die menschliche Natur so geartet ist, auch Anstrengungen herzugeben, die auf die Dauer zum vorzeitigen Verschleiß führen. Bekannt sind ja derartige Fälle aus dem Sport, und auch manche gewerbehygienische Statistik läßt der Vermutung v o r z e i t i g e n V e r s c h l e i ß e s durch Ü b e r a n s t r e n g u n g durchaus Raum. Das kann unter Umständen für die Arbeit der Frauen zutreffen, die neben der Fabrikarbeit noch den Haushalt mit kleineren Kindern versorgen.

Es ist wichtig, diese Frage ohne agitatorischen Einschlag wissenschaftlich zu behandeln, und da muß man sich zunächst vor Verallgemeinerungen hüten.

Wir sind ganz allgemein geneigt, den Einfluß des Anstrengungswillens auf die Höhe der Leistung zu überschätzen, wenn die Leistung sich bereits an der Grenze des Maximums bewegt. Auch der Praktiker muß wissen, daß die Wissenschaft in bezug auf dieses ganze Gebiet noch sehr rückständig ist. Es gelingt uns vorläufig nicht, einwandfrei eine normale Ermüdung von einer schädlichen Ermüdung beziehungsweise »Erschöpfung« zu unterscheiden, und darauf kommt es an; denn daß man bei Arbeitsleistungen ermüdet, ist natürlich und daher kein Einwand.

Ich möchte aber auf einen anderen Punkt die größte Aufmerksamkeit richten, den ich leider nicht genauer mit Zahlen belegen kann, da ich nicht Zeit gefunden habe, die Untersuchungen hierüber zum Abschluß zu bringen.

Zur Lösung unseres Problems gehören nämlich Untersuchungen über die Verschiedenartigkeit der Arbeitsabläufe, einerseits bei Tempo mittleren guten Willens und andererseits bei »angestrengtem« Tempo.

Ich habe derartige Versuche gemacht und bin dabei zu dem mich überraschenden Ergebnis gekommen, daß bei Arbeitsleistungen irgendwelcher Art der durch forcierte Anstrengung erzielte Mehrgewinn an Arbeitsquantität verhältnismäßig gering ist gegenüber einem durchschnittlich pflichtgemäßen Tempo, ja daß es sogar viele Fälle gibt, wo gerade eine forcierte und angestrengte Arbeitsausführung letzten Endes verlangsamt.

Dies liegt daran, daß die allermeisten Arbeitsleistungen die in der Überschrift gekennzeichnete Gesetzlichkeit des asymptotischen Verlaufes haben, also trotz vermehrter Anstrengung nur geringeren Wirksamkeitszuwachs zeigen, vorausgesetzt, daß vorher wenigstens bereits eine deutlich erkennbare Anstrengung vorlag; im unteren »Ast« der Leistungskurve trifft das Asymptotengesetz nicht zu.

In Worten ausgedrückt heißt das: J e m e h r w e i t e r h i n durch A n s t r e n g u n g ein F o r t s c h r i t t erzielt wird, u m s o g e r i n g e r fällt er aus. Ein gewöhnlicher Läufer im Turnverein wird durch vermehrte Willensanspannung leicht seine Zeit um drei Sekunden übertreffen; geht es aber jetzt an die Grenze des Rekordes, dann spielt 1/5 Sekunde mehr schon eine große Rolle. Anders ausgedrückt: Je näher man an die G r e n z e d e r L e i s t u n g s f ä h i g k e i t kommt, u m s o g e r i n g e r ist bei noch so großer Willensanstrengung der Zuwachs an Mehrleistung.

Auf praktische Verhältnisse übertragen heißt dieser Satz, daß man von einer größeren Willensanspannung nicht so sehr viel mehr an Ausbringung erwarten sollte.

Bei den oben genannten Versuchen machten wir auch einen solchen, bei dem mit Beton gefüllte Schiebkarren verwendet wurden, wobei sich folgendes herausstellte: Um die üblich verwendeten gefüllten Betonschiebkarren fortzubewegen, waren kräftige Leute mit gutem Willen erforderlich. Ich machte nun Versuche, um wieviel man das Gewicht vermindern müsse, um auch schwächlichen, ja sogar kranken Leuten diese Arbeit zumuten zu können. Das Ergebnis war ungefähr eine Belastungsverminderung um nur 1/3. Das heißt, die vorher schwere Arbeit wurde bei einer Verminderung um 1/3 schon zur sehr viel leichteren Arbeit.

Aus derartigen Versuchen soll der Arbeitsvorbereiter den Schluß ziehen, daß es wenig Sinn hat, sich bei Belastung an den oberen Grenzen zu bewegen, weil eben das Mehr an Rentabilität keinesfalls das Mehr an Anstrengung deckt. Es bedeutet durchaus keine wesentliche Rentabilitätsschädigung, ja, wie ich glaube, sogar das Gegenteil, wenn man sich zur Regel macht, in bezug auf die Belastungen sowohl im Tempo als auch mit Anstrengung sich von den oberen Grenzen fernzuhalten.

Es ist aber besser, statt mit Zuschlägen für Arbeiten an den oberen Grenzen zu operieren, von vornherein mit mäßigen Werten zu arbeiten, dafür aber um so strenger für deren Einhaltung zu sorgen, sobald man sich einmal davon überzeugt hat, daß man nur billige Forderungen aufgestellt hat. Das » O p t i m u m « ist sonach k e i n e s w e g s i d e n t i s c h mit » M a x i m u m «.

3.7 *»Ermüdung« bzw. längere Arbeitsdauer verursacht nur unter besonderen Verhältnissen, und auch dann nur ungefähr, eine zunehmende Qualitätsverschlechterung*

Jedoch:
Zwischen T e m p o und E x a k t h e i t besteht in erster Linie eine a r b e i t s t y p e n m ä ß i g e A b h ä n g i g k e i t, wobei sich die Regel zeigt, daß im weiteren Verlauf der Arbeit das Tempo auf Kosten der Exaktheit schneller wird.

Es empfiehlt sich, diese beiden Sätze zusammen zu besprechen. Genauso »einleuchtend« wie als »Folge« von Ermüdung die T e m p o v e r l a n g s a m u n g erscheint, müßte sich ebenso »einleuchtend« die Q u a l i t ä t der Arbeit vermindern.

72

Gerade, weil das »in sich« plausibel erscheint, ist es wesentlich, auf die nur sehr bedingte Richtigkeit dieses Satzes hinzuweisen. Nur in einem einzigen Falle gilt die Abnahme der Qualität ohne jede Ausnahme: Für alle diejenigen Arbeitsleistungen, bei welcher sich körperliche Anstrengung mit Präzision der Hantierung verbindet.

Sollen zum Beispiel mit einem schweren Elektrobohrer angekörnte Löcher gebohrt werden, so wird man im längeren Verlauf eine Unsicherheit des Aufsetzens der Bohrspitze bemerken.

Bei muskulärer Ermüdung findet sich als Regel eine zunehmende Ungenauigkeit der feineren Muskelinnervation.

Läßt man mit einem schweren Gewicht, das unten eine Spitze hat und in einer Haltevorrichtung auf dem Boden abgesetzt werden kann, durch Heben derselben eine Zielbewegung vollführen, etwa einen Punkt auf einem Kartonstreifen treffen, so kann man mit zunehmender Ermüdung beziehungsweise im längeren Verlauf solcher Arbeiten feststellen, daß man mehr und mehr neben die Lochmarke trifft.

Ebenso werden manuelle Steuerbewegungen, wenn sie Kraftaufwand erfordern, mit zunehmender körperlicher Ermüdung unsicherer und fehlerhafter.

Wir dürfen aber aus solchen Erfahrungen heraus keinesfalls verallgemeinern, daß überhaupt alle Hantierungen im Verlaufe durch »Ermüdung« qualitativ verschlechtert würden, sondern es zeigt sich hier, als viel bestimmender, die Beziehung zum A r b e i t s t y p u s .

Exaktheits- und Unexaktheitstypen, wie wir sie schon oben kennengelernt haben, zeigen sich viel deutlicher in der Arbeitskurve; ja man muß sogar sagen, daß nur auf Grund einer Arbeitskurve das typologische Urteil gefällt werden darf.

Der Unexaktheitstypus ist ziemlich eindeutig so zu charakterisieren, daß das obengenannte Korrelationsgesetz zwischen Tempo und Exaktheit immer schärfer hervortritt, insofern auf Kosten der Arbeitszeiten die Fehler, mehr oder weniger unter Schwankungen, immer mehr zunehmen.

Nur teilweise läßt sich die Beschleunigungstendenz auf Kosten der Exaktheit mit der Neigung erklären, »mit unlustvoller Arbeit rasch fertig zu werden«. Das mag gewiß zu dieser charakteristischen Gestaltung der Arbeitskurve beitragen. Da wir aber überwiegend dieses Verhältnis auch bei allen den Arbeiten finden, bei denen die Versuchspersonen ganz genau wissen, wie lange sie zu arbeiten haben, so kann dieses Verhalten als eine, davon unabhängige, allgemeine Regel ausgesprochen werden.

Der Unsorgsame unterliegt gewissermaßen kampflos den Gesetzen der reinen motorischen Übung. Die motorischen Impulse werden immer schneller, zu Einheiten zusammengefaßt, und je mehr sie »uno tenore« werden, je mehr sie zum alleinbestimmenden Element werden, um so mehr steigen die Fehlermöglichkeiten. *Der Sorgsame aber lernt allmählich, die Fehler dadurch zu vermeiden, daß er die Einzelimpulse bremst, beziehungsweise sie immer vorsichtiger ausführt.*

Wird eine Arbeit über längere Zeit einer ausdrücklichen Beobachtung unterzogen, so fällt einerseits der Fehlerfaktor infolge einer durch die Prüfsituation erklärlichen »aktuellen« Einstellung — sei diese auf Schnelligkeit, sei sie auf Sorgsamkeit gerichtet — fort; andererseits finden wir aber im weiteren Verlauf ein deutliches Durchdringen des Typus gegenüber dem Faktor der Monotonie, dem Faktor des Selbstlernens beziehungsweise der endogenen — auf Veranlagung beruhenden — Beeinflussung durch Erfolg und Mißerfolg.

Nach ungefährer Schätzung haben 80 von 100 Menschen das nahezu gesetzmäßige Streben, bei Präzisionsarbeit Zunahme der Fehler und Zunahme der Schnelligkeit zu vereinigen. Sehr verschieden sind aber sowohl die Beträge der Zeiten als auch die Beträge der Fehler, und ferner sind sehr verschieden die Schwankungen, so daß trotz dieses einen Grundtypus das Bild der einzelnen Fälle sehr mannigfaltig ist.

Man kann natürlich, wenn man will, in diesem Verhalten ein »Ermüdungsgesetz« erblicken, wenigstens in bezug auf das Absinken der Präzisionsleistung. Dagegen fügt sich die Verkürzung der Arbeitszeit[20] als solche der vulgären Ermüdungsbetrachtung nicht so ohne weiteres. Die ganze Sache wird aber verständlich, wenn man statt von Ermüdung von Abnahme der »Arbeitskonzentration«, des »Präzisionswillens« redet, die dann in eine ziemlich gesetzmäßige — von Schwankungen unterbrochene — lineare Funktion zur Arbeitszeit kommt. Warum man hier nicht so schlechthin von Ermüdung sprechen soll, ergibt sich ohne weiteres aus der Erfahrung, daß dieses typische Verhalten gerade dann

---

20 *Der Bearbeiter:* Siehe Fußnote 15, S. 61.

recht deutlich herauskommt, wenn die Versuchspersonen infolge mangelnder Mühewaltung mit recht geringen psychischen Energien arbeiten und wenn man andererseits findet, daß Angehörige des Exaktheitstypus, bei welchem sich, wie erwähnt, Abnahme der Fehler mit Zunahme der Zeit kombiniert, sowohl nach der ganzen äußeren Betrachtung als auch nach der Selbstbeobachtung viel stärker ermüdet sind.

Demgegenüber erscheinen als Ausnahme die wenigen ausgesprochenen Exaktheitstypen, bei denen die Sachlage umgekehrt liegt, die also in bezug auf die Fehlerzahl eine Verbesserung zeigen und, gesetzmäßig verständlich, auch eine — wenn auch nur relative — Verlangsamung des Arbeitstempos.

3.8 Gegenüber der »Stabilität des Arbeitstyps« fruchten Ermahnungen und Beeinflussungen zu anderen Verhaltensweisen nur wenig, wenn nicht besondere psychologische Verfahren angewandt werden

Eine sehr wesentliche Frage ist die Stabilität des Arbeitstypus, in diesem Falle die Stabilität des Exaktheitsbeziehungsweise Unexaktheitstypus im weiteren Verlauf. Darüber kann hier, da die Frage in die Arbeitspädagogik hineingeht, nur das eine gesagt werden: Versuche, durch Ermahnungen, Wiederholenlassen und so weiter, den Arbeitstypus zu ändern, also etwa so, daß man einen Prüfling, der vorher mit Verkürzung der Zeiten und Zunahme der Fehler gearbeitet hat, die Arbeit wiederholen läßt und ihm strengstens einschärft, langsam und exakt zu arbeiten, haben meist ein negatives Ergebnis (geringe Beeinflußbarkeit durch »Determination«).

Gerade im längeren Verlauf ist die Stabilität der Arbeitstypen unverkennbar. Es bedarf einer sehr langen und mühseligen Trainierarbeit, ganz besonders bei Unexaktheitstypen, um sie zur Exaktheit zu bekommen, und man muß dabei besondere psychologische Verfahren einschlagen.

Mancher Leser wird gegen die vorstehenden Ausführungen den Einwand machen, der an sich durchaus berechtigt ist, daß es sich bei den Arbeitstypen, insbesondere bei der Unterscheidung von Exaktheits- und Unexaktheitstypus, nicht um die rein äußerlichen, in Maß und Zahl von Zeiten und

Fehlern erfaßbaren Unterschiede handelt, sondern um grundlegende Verschiedenheiten der A r b e i t s t e m p e r a m e n t e . Dasselbe dürfte dann auch für vorangegangene und spätere Ausführungen zutreffen, soweit wir uns mit Arbeitstypen beschäftigen.

Daß ich diese Interpretationen hier außer acht lasse, beruht nicht etwa darauf, daß ich die Meinung von der charakterologischen Bedingtheit der Arbeitsformen für falsch halte. Im Gegenteil: Ich halte sie sogar für richtig. Es wäre aber nach dem gegenwärtigen unvollkommenen Stand der Forschung verfehlt, sie der Arbeit zugrunde zu legen. Hier reicht unser exaktes Material nicht aus. Vielleicht wird es später ein leichtes sein, gerade auf Grund der exakten quantitativen Arbeitsbetrachtung das Problem der Arbeitstemperamente dem Praktiker gelöst vorzulegen.

3.9 Die Schwankungen der Arbeitszeiten durch Wetter, Jahreszeit, Zeitereignisse und so weiter sind viel geringfügiger als die Schwankungen der Arbeitszeiten zwischen den Individuen

Daß das Wetter die Arbeitsfähigkeit beeinflußt, daß man in der Regel an einem hellen Sommertag besser arbeiten kann als an einem trüben Novembertag, ist jedem aus eigener Erfahrung geläufig. Aber gerade daraus, daß es jedem geläufig ist, hat sich der Brauch entwickelt, die zahlenmäßige Bedeutung dieses Umstandes ganz erheblich zu überschätzen. Demgegenüber muß hervorgehoben werden, daß die wissenschaftliche Untersuchung solcher Faktoren deren Geringfügigkeit gegenüber der starken Variabilität gezeigt hat, die die Arbeitsleistungen der Individuen im Vergleich untereinander zeigen. Um das in eine Form zu bringen: Ein Individuum A arbeitet, etwa bei einfachen Hantierungen, veranlagungsmäßig doppelt so schnell wie das Individuum B; es wäre aber eine seltene Ausnahme, die auf andere Ursachen zurückzuführen wäre, wenn dieses Individuum A an einem trüben Novembertag nur ebenso viel leisten würde wie B an einem arbeitsfördernden Schönwettertag, und B an einem sonnigen Junivormittag dasselbe wie A an einem Regentag. Selbstverständlich will ich nicht etwa dazu auffordern, diese Faktoren der Umwelteinflüsse nicht zu berücksichtigen. Im

Gegenteil: Sie sollen beachtet werden, aber ihre Ü b e r -
s c h ä t z u n g wirkt sich deswegen so ungünstig aus, weil
sie, wie ich aus eigener Erfahrung weiß, bei nicht wenigen
Praktikern zu einer skeptischen Meinung über die Zeiterfas-
sung überhaupt geführt haben.

Denn es ist ja klar, daß, wenn diese Einflüsse sehr groß
wären, Zeitstudien an sonnigen wie an regnerischen Tagen,
im Sommer wie im Winter, zur Zeit der Wahlen als auch zur
Zeit der Ministerferien, bei hohem und niedrigem Luftdruck
und so weiter, angestellt werden müßten. Aber das ist nicht
notwendig.

4 Die besonderen arbeitspsychologischen Voraussetzungen für erfolgreiche Arbeit des Arbeitsstudienmannes

4.1 Die Fähigkeit, Arbeitsbesonderheiten, insbesondere Arbeitsmängel, zu sehen, ist eine Sonderbegabung

Wenn auch im allgemeinen die Fähigkeiten der Menschen, Mängel zu sehen — besonders bei ihren Mitmenschen, Behörden und so weiter — weitaus größer ist als ihre Fähigkeit, brauchbare Vorschläge zu machen, um Fehler zu beseitigen, so erweist sich doch nichtsdestoweniger die Fähigkeit, Unvollkommenheiten von Arbeitsausführungen zu bemerken, als recht selten.

Man muß, wie wir bald noch genauer sehen werden, zwei Arten des Sehens von Mängeln unterscheiden. Die erstere ist die s p o n t a n e A r t. Ohne daß ein besonderer Vorsatz besteht, Mängel zu entdecken, »fallen Mängel auf«, oft zugleich mit 'der »intuitiven« Erfassung der Möglichkeit, wie sie zu beseitigen sind. Die zweite Art ist die Fähigkeit des Mängelsehens nur »*bei ausdrücklich auf Mängel gerichteter Einstellung*«. Geht man mit mehreren Ingenieuren durch einen fremden Betrieb, so kann man sich sofort davon überzeugen, daß die »üblichen Mängel« der Produktionsprozesse, die nur ausnahmsweise in einem Betrieb nicht vorhanden sind, von den allermeisten übersehen werden. Den meisten entgeht, daß hier ein Arbeiter sich jedesmal bücken muß, um ein Werkstück zu ergreifen; daß dort jedesmal bei einer Teilarbeit Sekunden verlorengehen, weil ein Anschlag fehlt, dort unnötige Zwischenbewegungen gemacht werden, eine offenbar zu geringe Tourenzahl der Maschine vorliegt, zwei Arbeiter an einem Arbeitsplatz sind, wo e i n e r genügen würde und so weiter. Die Fähigkeit, solches auf einen Blick zu sehen, erweist sich als ganz i n d i v i d u e l l. Es sind nur wenige, die »die Mängel sofort heraushaben«.

Ich habe das einmal in einem psychotechnischen Kursus, dem überwiegend Ingenieure angehörten, experimentell geprüft. Es sollte eine Zeitstudie an einer Dreharbeit gemacht werden. Verabredetermaßen beging 'der Mechaniker, bei dem die Arbeits- und Zeitstudie vorgenommen wurde, Fehler; er stellte unter anderem den Stahl tiefer, um eine Scheibe größeren Durchmessers von der Peripherie her abzudrehen. Um zu verhindern, daß dann, wie das natürlich ist, der Stahl »unterkam«, bediente er den Support so, daß er nur einen feinen Span nahm und jedesmal wieder zurückkurbelte. Ich mußte leider feststellen, daß nur ein geringer Prozentsatz der Zuschauer diesen Mangel sah, und zwar deshalb, weil sie auf die Zeiten achteten.

Die Fähigkeit des Menschen zu entwickeln, die Arbeitsbeobachtung genauer psychologisch zu analysieren, ist noch eine reizvolle Aufgabe der Zukunft. So viel aber erscheint mir sicher, daß es sich hierbei um eine spezifische Begabung handelt, die, wie etwa die musikalische oder mathematische, nur indirekte Beziehungen zur »Intelligenz« aufweist.

Das Beispiel läßt sich beliebig vermehren. Die Konsequenz ist, daß man auch bei sich selbst mit einer unvollkommenen Fähigkeit der Mängel-Beobachtung von vornherein rechnet. Um so größer ist dann der Erfolg a u s d r ü c k l i c h e r M a ß n a h m e n , um diese Unfähigkeit der Mängel-Beobachtung auszugleichen. Man muß sich energisch klarmachen, daß es einer ausdrücklichen Einstellung und Selbstdisziplinierung bedarf, um die Aufmerksamkeit für die Mängel-Beobachtung zu erziehen. Allzu leicht findet man, daß man das Fehlen der Fähigkeit, Mängel zu beobachten, gewissermaßen als »moralisches Minus« ansieht. Es ist typisch, daß Betriebsleiter, die man auf Mängel aufmerksam macht, dies zunächst persönlich übelnehmen und dann oft das Blaue vom Himmel herunterargumentieren, um diese Mängel zu verteidigen.

Konsequent ist auch hier wieder, daß man den Arbeitsstudienmann auf seine F ä h i g k e i t , M ä n g e l z u s e h e n , e x p e r i m e n t e l l p r ü f t . Das ist bis jetzt noch nicht systematisch durchgeführt worden, und doch ist es ganz einfach. Man braucht nur mit dem betreffenden Kandidaten in eine Werkstatt mit nachgewiesenen Mängeln oder auch an einen Arbeitsplatz mit künstlich dazugebrachten Mängeln zu gehen und zur Kritik aufzufordern.

Zweifellos wird man in Zukunft dazu übergehen müssen, diese Eignungsprüfungen obligatorisch zu machen[21].

4.2 Für den Zeitnehmer sind besondere menschlich-charakterliche Eigenschaften unerläßlich. Hat er sie nicht, so muß er sie durch Selbstdisziplinierung erwerben

Ein altes REFA-Blatt sagte über die erforderliche Qualifikation bestimmter Personen:
Zeitaufnahmebeamter (Zeitnehmer). Er muß ein energischer und praktisch erfahrener Fachmann sein, der die Fertigungsvorgänge auf richtige Durchführung und Zeitdauer zu überprüfen in der Lage ist.

Man nehme mir die Kritik nicht übel, daß es wohl besser gewesen wäre, überhaupt nichts über die Eigenschaften des Zeitnehmers zu schreiben, als diese Sätze.

Zunächst einmal das Prädikat »energisch«. Dieses Wort mag aus der Erfahrung heraus verwendet worden sein, daß sich Arbeiter gegen die Vornahme der Zeitstudien wehren, und es dann gelte, sie durchzusetzen. Nach meinen Erfahrungen jedoch, die ja vielleicht anderer Natur sein mögen als die der »Betriebspraktiker«, halte ich es durchaus für falsch, bei der Vornahme von Zeitstudien »Energie« zu zeigen. Die wirkungsvollste und auch reibungsloseste personelle Form der Durchführung von Arbeitsstudien ist die »ruhige, ja sogar indifferente Selbstverständlichkeit«. Dem, was so auftritt, »als wenn es so sein müßte«, fügen sich aus massenpsychologischen Gründen die meisten Menschen.

Man muß wissen, daß Zeitnehmen heißt, »zum Menschen in Beziehung treten«. Das Auftreten eines Menschen verändert sich nun je nach der Persönlichkeit, mit der er in Beziehung tritt. Man ist ein anderer Mensch, wenn man mit einem jungen Mädchen plaudert, ein anderer mit einem Schulkameraden, ein anderer mit einem Schutzmann, ein anderer mit dem Vorgesetzten und so weiter. Es ist triebhaft in jedem Men-

---

21 *Der Bearbeiter:* Solche Eignungsprüfungen sind bei REFA seit Jahren in weitem Umfang obligatorisch. Aber nicht nur für Eignungsprüfungen, sondern auch als Anlernmaßnahmen für junge Arbeitsstudienmänner, die einem erfahrenen Fachmann im Betrieb beigegeben werden, scheint mir dieses Verfahren sehr geeignet zu sein.

schen verankert, sofort und unmittelbar zum Menschen, mit dem man in Beziehung tritt, Stellung zu nehmen. Wenn wir uns genauer beobachten, dann finden wir, daß wir das in jedem Fall tun, wenn auch nur »unterbewußt«, zum Beispiel wenn wir eine Fahrkarte am Schalter lösen, einen Menschen um einen Weg fragen, etwas kaufen, zum Arzt gehen und so weiter.

Es ist selbstverständlich, daß es dem Arbeiter schwerfällt, sich zum Zeitnehmer positiv zu stellen. Es hängt alles von dessen Auftreten ab.

Ist dieser nun »energisch«, so ist zunächst einmal die oppositionelle Stellungnahme aus der ganzen Situation heraus die natürliche: »Der will etwas von dir, und du mußt dich ihm fügen«. Umgekehrt: Bemüht sich der Zeitnehmer, möglichst freundlich indifferent das Ganze als Selbstverständlichkeit vorzunehmen, so ist eine oppositionelle Stellungnahme schon weniger wahrscheinlich.

Auf das »Freundlich-Indifferente« lege ich aus psychologischen Gründen den größten Wert[22].

Von Arbeitnehmerseite wird das Zeitnehmen weniger als eine Maßnahme der Rationalisierung bekämpft, als unter Hinweis auf das »Unangenehme« der Situation, daß da sich einer hinstellt, einem auf jeden Handgriff sieht und die Sekunden stoppt, vielleicht sogar noch nach der wohl jetzt ganz veralteten Taylorschen Vorschrift »unbemerkt vom Arbeitenden«[23]. Daß die Situation für den Arbeiter unangenehm sein kann, sollte man ruhig zugeben; aber man sollte ebenso auch wissen, daß man sie durch »Brei-um-den-Mund-Schmieren« nicht zu einer angenehmen Sache machen kann; sondern, daß man sie nur indifferent machen kann, indem die Zeitstudie so a l l g e m e i n v o r g e n o m m e n w i r d , daß sie als eine ganz n o r m a l e B e t r i e b s m a ß n a h m e erscheint. In der Tat wird man immer wieder feststellen können, daß da, wo Widerstände gegen die Zeitstudie auftauchen, wenig oder nur sporadisch Zeitstudien gemacht wer-

---

22 Praktische Beispiele für richtiges Verhalten des Zeitnehmers auch in Fällen von Widerstand gegen Zeitstudien siehe Kapitel 5.7.

23 *Der Bearbeiter:* Diese Vorschrift ist heute nicht nur veraltet, sondern die Verwendung der »Stoppuhr in der Tasche« ist verpönt und geradezu verboten. Kein REFA-Mann bildet sich ein, daß es ein »unbemerktes« Stoppen gäbe! Im übrigen hält er es auch für unmoralisch.

den. Aus einer großen Maschinenfabrik mit durchweg gewerkschaftlich organisierten Arbeitern wurde mir berichtet, daß das jetzt jahrelang eingeführte Zeitnehmen sich ganz reibungslos gestaltete: »Unsere Leute sind das so gewöhnt.«

Man vergegenwärtige sich einmal, welch einen Aufstand es geben würde, wenn etwa die Torkontrolle als eine Sondermaßnahme eingeführt würde. Weil jeder sich ihr unterwirft und sie immer ist, »gehört sie eben dazu« und wird ohne weiteres ertragen. So muß es bei Arbeits- und Zeitstudien auch werden.

Die rein menschlichen Eigenschaften des Zeitstudienbeamten sehe ich daher durchaus nicht in der Prädikatur »energisch«, sondern eben im Gegenteil. Die Prädikatur »energisch« kommt erst später in Betracht, bei der Rationalisierung; allerdings dürfte dabei, wie mir scheint, die »Energie« mehr nach den oberen Vorgesetzten hin einzusetzen sein, als nach unten hin zum Arbeiter.

4.3 Für Zeit- und Arbeitsstudien ist die Fähigkeit zur Beobachtung schlechthin Voraussetzung

So einfach die Vorschriften des REFA auch lauten, es stecken große Probleme und Schwierigkeiten dahinter. Wir lassen zunächst einmal die Zeitfeststellung beiseite und behandeln nur die Teilaufgabe: »Der Zeitnehmer soll Art und Weise der Fertigung beobachten!« Durchweg ist festzustellen, daß man mit Naivität eine ziemlich vollkommene Fähigkeit des Menschen zur Beobachtung unterstellt. Und dabei ist doch die Hauptfrage: Benutzt man als Instrument der Arbeitsbeobachtung die Beobachtungsfähigkeit eines Menschen, des Zeitnehmers, so muß doch diese zunächst genau untersucht werden. Der Mensch tritt ja hier als ein Meßinstrument auf und genau so, wie man erst dann eine Messung verwerten kann, wenn man sich von der Funktionsvollkommenheit und den Funktionsfehlern des Meßinstrumentes überzeugt hat, ist es auch bei dem Zeitnehmer.

Die allgemeine Ignorierung des psychologischen Beobachtungsfaktors ist um so erstaunlicher, als doch die Psychologen in der »Psychologie der Zeugenaussagen« schon seit längeren Jahren immer wieder auf die e i g e n a r t i g e n

U n v o l l k o m m e n h e i t e n der menschlichen Beobachtungsfähigkeit aufmerksam gemacht haben.

Man nehme nur einfache Objekte, etwa ganz anspruchslose Bilder, und bewillige den Menschen zu deren Betrachtung Zeitspannen, die weit über solche bei gewöhnlichen Arbeitsgeschwindigkeiten hinausgehen, und lasse sie dann wiedergeben, was sie gesehen haben. Dabei findet man gar nicht selten die unvollkommene und fehlerhafte Wiedergabe.

Dabei ist die Beobachtungsfähigkeit des Menschen doch für ruhende Dinge viel vollkommener als bei zeitlich sich verändernden Geschehnissen, besonders bei solchen schnellen Ablaufes.

Wir verwandten früher als psychotechnischen Test die Herstellung eines Briefumschlages nach einem streng festgelegten Arbeitsplan:

Der Prüfer nahm einen halben Aktenbogen und stellte in einem langsamen Tempo, wobei er die einzelnen Arbeitsphasen durch kleine Zwischenpausen hervorhob, den Briefumschlag in einer ganz genau festgelegten Weise her. Es war erstaunlich, wie gering der Prozentsatz der Menschen ist, die schon nach einmaligem Vormachen imstande waren, die Eigenart der einander folgenden Arbeitsoperationen — es sind ungefähr sieben hauptsächliche — als solche aufzufassen und dementsprechend nachher den Briefumschlag genauso anzufertigen.

Es ist im allgemeinen die Regel, daß der Mensch beim Sehen von Arbeitshantierungen in erster Linie den »Sinn« und den »Erfolg« auffaßt und auf die spezielle Art der einzelnen Ausführungen nicht achtet. Die menschliche Beobachtungsfähigkeit geht ja zunächst auf das Sinnhafte, in diesem Fall auf das Ziel, den fertigen Briefumschlag, und vernachlässigt das Speziellere der »Bedeutungsträger«. Um das an einem Beispiel klarzumachen:

Man läßt verschiedene Worte, die man experimentell kurz darbietet, lesen und fragt nachher: Waren die Worte in Antiqua oder Fraktur, in Schreibschrift und so weiter? Dabei wird man feststellen können, daß der Lesende zwar den I n - h a l t , den Sinn des Gelesenen, aufgefaßt, aber vom S p e - z i e l l e n abstrahiert hat.

Genauso ist es auch bei den Arbeitsprozessen. Man faßt auf, »daß der Arbeitende das Werkstück eingespannt hat«. Man sieht aber ab von den speziellen Arbeitsbewegungen und den

Besonderheiten, die diesen Vorgang ausmachen, also ob er es mit der linken oder rechten Hand, ob er es schnell oder langsam getan hat und so weiter. Hier sei auch an das in Kapitel 1.6 Gesagte erinnert.

Ein hübsches Beispiel dieser Art habe ich einmal bei einem Zeitnehmerkursus erlebt, wo eine linkshändige Versuchsperson vor dem Auditorium eine Arbeit verrichtete. Kaum ein einziger der etwa 30 Kursteilnehmer bemerkte die Linkshändigkeit der Ausführung.

Sehr wesentlich ist nun, daß diese Beobachtungsschwäche nicht dadurch ausgeglichen wird, daß der Betreffende von der Praxis her die Arbeit »genau kennt«. Im Gegenteil! Es ist ja die Scherzfrage bekannt, die Menschen danach zu fragen, ob ihre Uhr römische oder arabische Ziffern hat, und dann, wie die 6 aussieht. Die meisten müssen dann zugeben, nicht wahrgenommen zu haben, daß auf ihrer Uhr die 6 fehlt, wenn sich dort der Sekundenzeiger befindet.

Die Tendenz, das genauere Detail des Gesehenen zu übersehen beziehungsweise zu ignorieren, nimmt zu, je mehr die betreffenden Arbeitsabläufe gewohnheitsmäßige Eindrücke geworden sind.

Es ist nur scheinbar paradox, wenn Betriebsleiter, die jahrelang in der Werkstatt Gelegenheit hatten, Eigenarten von Arbeitsabläufen zu sehen, diese in ihrer eigentlichen Beschaffenheit nur ausnahmsweise genau genug erfaßt haben, um sie beschreiben zu können. Daher kommt ja ein Teil dessen, was die Amerikaner »Betriebsblindheit« nennen.

4.4 Die Beobachtungsfähigkeit ist keine Funktion der spezialistischen Berufserfahrung, wie überhaupt die ganze arbeitswissenschaftliche Zeitstudie weitgehend unabhängig von einzelnen Fabrikationszweigen ist

Nur sehr vorsichtig möchte ich den weiteren Faktor behandeln, den REFA betont, die »fachliche Erfahrung«. Es ist an sich selbstverständlich, daß ein Zeitnehmer die Art der betreffenden Arbeit kennengelernt hat. Aber es ist nicht unbedingt nötig, daß er gerade selbst jahrelang spezialistische Erfahrungen gesammelt hat. Um das an einem Beispiel klarzumachen: Ich habe durchaus nichts dagegen einzuwenden, wenn ein Rationalisierungsingenieur etwa schon am zweiten oder dritten Tag in der ihm vorher unbekannten Schokoladenfabrik Zeitstudien macht. Ohne auf Kompetenz Anspruch erheben zu wollen, ist meine Meinung, daß oft die spezialistische Fachausbildung erheblich überschätzt wird, und daß dagegen andere Gegebenheiten, wie besondere Begabung, Beobachtungsfähigkeit, methodische Schulung und betriebswissenschaftliche Erfahrung, vernachlässigt werden.

Vielleicht kommt die ursprüngliche Einstellung des REFA in erster Linie daher, weil für die REFA-Bestrebung die Kalkulation, die Akkordfestsetzung im Vordergrund steht; hier ist natürlich die Bevorzugung von Fachpraktikern aus anderen Gründen ratsam[24].

Bei den Rationalisierungsfachleuten ist das aber ganz anders. Wenn ein Zeitnehmer meiner Forderung folgt, die Betriebswissenschaft als eine von Spezialzwecken unabhängige »allgemeine« Wissenschaft von der Fertigung zu betreiben, dann muß er möglichst viele verschiedene Betriebe gesehen haben, und das läßt sich mit einer spezialistischen Bildung natürlich nicht vereinigen. Ein Zeitnehmer, der sehr viele Fabrikationsarten und Arbeitsverhältnisse kennt, scheint mir erfolgreicher auch in einem ihm neuen Betrieb sein zu können, als ein in einem speziellen Betriebszweig groß gewordener Fachmann, der nur seine Werkstatt kennt. Besonders ist er zu Verbesserungsvorschlägen mehr vorbereitet, denn sehr viele Verbesserungen entstehen durch Übertragung auf andere Fabrikationszweige.

Übersieht man die gegenwärtige Literatur über die »Arbeits- und Zeitstudie«, so ist zunächst auffällig, daß einmal der Maschinenbau überwiegt, was ja historisch verständlich ist, und daß sich dann meist eine Spezialisierung in bezug auf einzelne Fabrikationszweige bemerkbar macht: »Zeitstudien im Hüttenwerk«, »Zeitstudien beim Bauen«, »Zeitstudien in der Gießerei« und so weiter.

Der eigentliche Sinn der arbeitswissenschaftlichen Zeitstudie ist aber, daß bei menschlichen und fabrikatorischen Arbeits-

---

24 *Der Bearbeiter:* Es ist zu bedenken, daß der Verfasser dies im Jahre 1929 geschrieben hat, als REFA erst auf wenige Jahre Erfahrung und eigentliche Lehre zurückblicken konnte. Es ist aber vielleicht ganz gut, daß wir uns an diese Entwicklung erinnern, weil wir daran erkennen, daß REFA nicht stehengeblieben ist; gleichzeitig ist uns die Kritik Poppelreuters Mahnung, die arbeitspsychologische Ausbildung gegenüber der fachlichen Ausbildung noch mehr zu fördern.

prozessen Allgemeingesetzlichkeiten bestehen, die vom Speziellen ganz unabhängig sind. Die Grundsätze der wissenschaftlichen Betriebsführung sind dieselben, ob es sich um Roheisenmasseln oder um Pralinen handelt, um Autos oder um Nähmaschinen, um Büroarbeit oder Werkstattarbeit. Ich wage es, diesen Satz auszusprechen, auf die Gefahr hin, daß mir gerade jetzt mein Nicht-Ingenieur-Sein zum Vorwurf gemacht wird:

Gegenüber einer allgemeinen Betriebswissenschaft ist die spezielle Fabrikationsart relativ gleichgültig. Nur derjenige Rationalisierungsingenieur ist Betriebswissenschaftler, der von irgendwelchen s p e z i e l l e n F a b r i k a t i o n s - z w e i g e n n i c h t a b h ä n g i g ist.

Umgekehrt: Ich gebe durchaus zu, daß für den Rationalisierungsingenieur praktische Kenntnis der Spezialfabrikation nötig und auch förderlich ist. Ich behaupte aber, daß ein Minus in dieser Hinsicht viel weniger wiegt, als auf der anderen Seite das Erfolgs-Plus, das derjenige hat, der, nicht an speziellen Verhältnissen klebend, das Allgemeingesetzliche aufzufassen, zu durchschauen und deshalb auch zu gestalten vermag.

Sicher ist zunächst, daß in einer ziemlichen Unabhängigkeit von spezieller Fabrikation der a r b e i t e n d e M e n s c h , auf den es uns ja in erster Linie ankommt, doch im wesentlichen stets derselbe ist, wenngleich sich natürlich kategoriale Besonderheiten, etwa »Textilarbeiter« einerseits und »Bergleute« andererseits, bemerkbar machen. Es bestehen aber auch ziemliche Gleichförmigkeiten der maschinellen Vorgänge. Die Maschinen der Schuhindustrie sind bezüglich ihrer eigentlichen Funktionalität dieselben wie etwa in der Elektrozählerfabrikation. Überall kommt es bei Maschinen auf dieselben Faktoren an: Zeitausnützung, Tempo, Genauigkeit und so weiter.

Immer wieder kommt es bei den meisten Arbeitsprozessen darauf an, daß die verschiedenen Arbeitsoperationen im Zusammenarbeiten und Ineinandergreifen gestaffelt und gekoppelt sind. So wie die Weckuhr aus den einzeln hergestellten Teilen nachher zur Einheit wird, so wird es doch auch der Damenschuh, die Bonbonniere, die Nähmaschine, das Auto. Wir müssen eben immer wieder bedenken: Wenn man in der Betriebswissenschaft das Unterschiedliche der Fabrikation so sehr betont hat, dann ersieht man eben daraus die einseitige technische Einstellung auf das A r b e i t s p r o d u k t .

Nach technischer Einstellung ist »Bergbau« etwas ganz anderes als die »Landwirtschaft«. Und doch besteht gemäß der »Arbeitsstruktur« eine ganz auffällige Gemeinsamkeit zwischen Bergbau und Landwirtschaft, sowohl nach dem menschlichen Faktor als auch nach dem ganzen Betriebsaufbau.

Ich kann mir wohl vorstellen, daß ein Ingenieur entsetzt ist, wenn er hört, daß Bergbau und Landwirtschaft denselben »gesetzmäßigen Aufbau« und dementsprechend auch eine ziemlich übereinstimmende arbeitswissenschaftliche Fundierung haben. Ich kann das verstehen; denn Kohle ist kein Roggen, und in der Landwirtschaft wird nicht gesprengt und nach oben gefördert. Und trotzdem sind Gemeinsamkeiten vorhanden, die der Leser nach diesem Hinweis wohl selber finden wird.

Bei uns in Deutschland ist die Entwicklung vorläufig noch dadurch gehemmt, daß die Betriebswissenschaft am Maschinenbau hängt; es gibt offenbar noch keine »allgemeine Betriebswissenschaft«. Es gibt daher auch noch keine »allgemeine Arbeitswissenschaft«, wie sie für die Betriebsingenieure ebenso nötig wäre, wie die »allgemeine Mechanik« für den Konstruktionsingenieur. Hier wird noch vieles erforscht werden müssen[25].

4.5 Nur gering entwickelt ist die Fähigkeit, die Zeiten sowohl von Arbeiten als auch ganz besonders von Leerpausen aufzufassen und zu schätzen

Die Psychologie der Zeitwahrnehmung zeigt uns, daß im Gegensatz zum Augenmaß die Zeitbeurteilungsfähigkeit ganz erstaunlich gering ist, sowohl für eigenes als auch für fremdes Arbeiten. Ich habe früher wiederholt Versuche gemacht, Prüflinge, die eine Reihe von Arbeiten hintereinander erledigt hatten, hinterher zu fragen, wieviel sie ihrer Schätzung nach für die einzelnen Arbeiten gebraucht hatten. Die Fehlurteile sind so toll, daß man von einem »normalen Defekt« sprechen muß.

25 *Der Bearbeiter:* Es erfüllt uns mit Genugtuung, daß sich in den vergangenen 40 Jahren vieles im Sinne Poppelreuters entwickelt hat (siehe den drittletzten Absatz des Vorwortes des Bearbeiters).

Nur nebenbei sei das durch die Psychologie gesicherte Gesetz erwähnt, daß die kleinen Zeiten über- und die großen Zeiten unterschätzt zu werden pflegen.

Auf das Theoretisch-Wissenschaftliche der Zeitschätzung einzugehen, ist hier unnötig, da wir ja schon von vornherein nur mit der exakten Zeitmessung zu arbeiten uns entschlossen haben.

Ganz besonders schlecht ist die Fähigkeit, die Z e i t a u s - n u t z u n g zu s c h ä t z e n. Man kann da die erstaunlichsten Beobachtungen machen, wenn man Betriebsleute etwa fragt, mit welcher zeitlichen Ausnutzung — in Prozenten angegeben — einzelne Maschinen, Transportanlagen und so weiter arbeiten.

Besonders für den z e i t l i c h e n L e e r l a u f über g r ö - ß e r e Z e i t r ä u m e hinweg hat man überhaupt k e i n S c h ä t z u n g s v e r m ö g e n.

Ich habe einmal ein Experiment gemacht, als wir zu dritt oder viert gemeinsam arbeitend um einen Tisch herum saßen und auf einmal das persönliche Erzählen losging. Wegen der Notwendigkeit des Zeitdisponierens hatte ich auf die Uhr gesehen. Wir hatten danach eine Stunde lang nicht gearbeitet, sondern »gequatscht«. Als die Stunde um war, fragte ich meine Mitarbeiter: »Wie lange denkt Ihr, daß wir jetzt, wo wir doch eigentlich keine Zeit haben, nicht gearbeitet, sondern gequatscht haben?« Meine Mitarbeiter einigten sich auf $1/4$ Stunde Verlust.

In meiner eigenen Werkstatt schätzte ich die Ausnutzung der Drehbank meines 1. Mechanikers auf $1/3$ bis $1/2$ des Tages; exakte Ermittlung durch Registrierinstrumente ergaben aber kaum 10%, was uns alle sehr überraschte.

4.6 Nahezu unüberwindlich sind die Beobachtungsschwierigkeiten bei Arbeitsprozessen, die sich zeitlich »überlappen«

Nimmt man die Arbeitsbewegungen eines einzelnen Menschen auf und sieht genauer zu, so beobachtet man schon dort »überlappte« Arbeitszeiten dann, wenn er mit beiden Händen arbeitet. Wenn ein Arbeiter in der Massenfabrikation rasch hintereinander kleine Teile etwa zu bohren hat, so kann man beobachten, daß, während die rechte Hand noch den Bohrmaschinenhebel zurückführt, bereits die linke Hand den folgenden Gegenstand ergreift; daß er das vorher gebohrte Stück gleichzeitig mit dem Hinlegen des folgenden Werkstücks zur Seite wirft, oder daß gleichzeitig mit dem Zurseitewerfen des fertigen Werkstücks mit der rechten Hand schon das neue mit der linken ergriffen wird und so weiter[26]. In der Zeitstudie ist das natürlich sehr schwer zu erfassen. Ähnliches gilt, wenn bei sogenannter Mehrstellenarbeit ein Arbeiter mehrere Maschinen oder mehrere Stellen (zum Beispiel Spindeln an Spulmaschinen) zu bedienen hat, und der Zeitnehmer beobachten soll,

1. welche Stelle stillsteht,

2. ob gleichzeitig mehrere Stellen stillstehen und gegebenenfalls welche,

3. wie lange jede Stelle stillstand,
   a) ohne Anwesenheit des Arbeiters,
   b) während der Anwesenheit des Arbeiters,

4. aus welchen Ursachen die Stillstände entstanden waren,

5. ob die Wiederingangsetzung in zweckmäßiger oder unzweckmäßiger Reihenfolge vorgenommen wurde[27].

Sehr groß werden die Schwierigkeiten auch dann, wenn Zeitstudien an Arbeitsplätzen zu machen sind, wo eine Mehrheit von Menschen sich an einer Arbeit beteiligt, etwa wenn drei Leute eine Schmiedepresse bedienen (sogenannte Gruppenarbeit).

Manche Zeitnehmer sagen zwar, daß es bei einiger Übung mühelos möglich sei, auch Zeiten von zwei bis drei Arbeitern gleichzeitig zu nehmen. Auf Grund meiner Erfahrung muß ich jedoch ganz entschieden vor einer Überschätzung der menschlichen Leistungsfähigkeit solchen Situationen gegenüber warnen. Die Psychologie lehrt uns zunächst, daß es sehr schwer ist, die Aufmerksamkeit mehreren Vorgängen zur gleichen Zeit zuzuwenden; zu allermeist zeigt sich, daß die scheinbar gleichzeitige Aufmerksamkeit in einem »Alter-

---

26 *Der Bearbeiter:* Diese heute mit »beidhändiger Simultanarbeit« bezeichnete Arbeitsweise ist in den »Systemen vorbestimmter Zeiten« (MTM und WF) sehr eingehend untersucht worden und findet ihren Niederschlag in entsprechenden »Standard-Zeitwerten«.

27 Beispiele siehe Oberhoff, Kleines Praktikum der Zeit- und Arbeitsstudien mit Arbeitsschauuhr. Konradin-Verlag Robert Kohlhammer GmbH, Stuttgart, 1953.

nieren« besteht, das heißt, daß man, oft allerdings sehr rasch, von einem Gegenstand der Beobachtung zum anderen übergeht.

Die Psychologie zeigt uns aber weiter, daß es sich bei aller Mehrheitsbeobachtung um eine gegenseitige Störung handelt, das heißt, die Beobachtungsleistungen verschlechtern sich in erheblicher Progression.

Erst recht wachsen diese Schwierigkeiten, wenn man nicht nur beobachten, sondern etwa auch noch drei Stoppuhren bedienen soll. Um hier einwandfrei etwa eine Arbeit von drei Leuten an einem Werkstück rationeller zu gestalten, bedarf es eines Künstlertums, welches nur ausnahmsweise anzutreffen sein dürfte; jedenfalls kann man eine solche Fähigkeit beim normalen Zeitnehmer nicht voraussetzen. In der Praxis dürften bei solchen Situationen »falsche Zeitaufnahmen« oder kurzerhand die Beibehaltung des gegebenen Zustandes überwiegen.

Wir kommen hier an a b s o l u t e   G r e n z e n   d e r   Z e i t - a u f n a h m e , die man kennen muß, damit man sich nicht selbst etwas vorspiegelt oder aber den Mut verliert[28].

4.7 Die Fähigkeit des Arbeitsgestalters, Zusammenhänge von Arbeitsprozessen unmittelbar zu beobachten, kann man nicht gering genug ansetzen. Daher sind ausdrückliche Maßnahmen zur Überwindung dieser Schwäche nötig

Die Schwäche der menschlichen Beobachtungsfähigkeit tritt bei der Auffassung von Betriebszusammenhängen am deutlichsten hervor. Der Arbeitsgestalter hat ja nicht nur die Aufgabe, den sich an einem einzelnen Arbeitsplatz abspielenden individuellen Arbeitsvorgang zu beobachten, sondern er muß seine Aufmerksamkeit auch auf die Zusammenhänge der Fertigung richten, das Zusammenspiel der Arbeitspro-

---

28 *Der Bearbeiter:* Im Grunde ist Poppelreuter wohl zuzustimmen, wenn er die Schwierigkeit des Zeitnehmers bei Mehrstellen- und Gruppenarbeit nicht bagatellisiert. Bei Verwendung der Stoppuhr besteht sein Hinweis auf die Grenzen der Zeitaufnahmen sicher zu Recht, doch stehen uns dafür ja ausgezeichnete Hilfsmittel in den schreibenden oder zeichnenden Geräten (Arbeitsschauuhr usw.) zur Verfügung, deren wir uns in diesen Fällen einfach bedienen m ü s s e n .

zesse, wie es ganz besonders bei der Lösung von Transport-
problemen erforderlich ist.

*Will man auf diesem Gebiet etwas erreichen, so muß man
von vornherein damit rechnen, daß der Mensch im allgemeinen für die Auffassung der Eigenart von räumlich verschiedenen und zeitlich sich überlappenden Vorgängen etwas
»schwachsinnig« ist.* Man muß bei Problemen dieser Art
grundsätzlich annehmen, daß man aus gewöhnlicher Erfahrung heraus darüber gar nichts weiß, beziehungsweise daß
das, was man darüber weiß, selbst bei jahrelanger Erfahrung
falsch und höchst ungenau sein kann.

Ich habe selbst einmal, als es sich um eine sehr komplizierte
Aufgabe handelte (Hochofenbegichtung), wo die ineinander-
greifenden Prozesse — Möllerung, Kokszufuhr, Aufzug und
so weiter — räumlich und zeitlich weit auseinander lagen,
und zudem mehrere Hochöfen nach verschiedenen Begich-
tungssystemen arbeiteten, die Feststellung machen können,
daß der Aufbau des zeitlichen Zusammenspiels allein durch
Betriebsbesichtigungen nicht richtig zu erfassen war; erst
dann konnte ein klares Beobachtungsbild gewonnen werden,
als auf einem Reißbrett ein Situationsplan aufgezeichnet und
mit kleinen Modellen die ganze Organisation im kleinen
nachzuahmen versucht wurde. Erst dabei stellte sich heraus,
was man nicht genau beobachtet hatte, und um nun einen
richtigen Aufbau am Modell erzielen zu können, ging man in
den Betrieb, um die Einzelheiten festzustellen.

Das m o d e l l g e m ä ß e N a c h a h m e n ist nicht ein gele-
gentliches, sondern ein o b l i g a t o r i s c h e s H i l f s -
m i t t e l .

Man findet es in der Praxis noch viel zu wenig!
Prinzipiell gilt dasselbe von Fertigungsprozessen, die sich
über größere Zeiträume, etwa über Tage und Wochen hin er-
strecken.

Auch hier sind planmäßige Hilfsmittel zur Überwindung der
menschlichen Schwäche unerläßlich. Diese haben wir in den
selbsttätigen schaubildlichen Registrierungen über längere
Zeitabschnitte, die dann simultan miteinander verglichen
werden[29].

---

29 Hier dachte Poppelreuter an Zählschreiber, Recorder, Auto-
   graphen, Diagnostiker und ähnliches.

4.8 Die Fähigkeit, eine Arbeit selbst gut zu verrichten, ist kein Beweis für die Fähigkeit, sie anderen richtig beizubringen[30]

Kommen neue Arbeiterinnen in den Betrieb, so werden sie (ich spreche nicht von der Lehre, sondern vom Anlernen) der besten Arbeiterin zugeteilt, weil der Meister ja die Anlernung nicht persönlich vornehmen kann. Wer ist denn die beste Arbeiterin? Nun, zweifellos die, die am meisten verdient! Denn das ist der Beweis, daß sie mehr kann als die anderen. Wir wollen einmal annehmen, daß das richtig sei; ist damit aber gesagt, daß sie auch am besten lehren kann? Finden wir nicht sogar sehr oft, daß eine solche Arbeiterin sich gar nicht die Zeit nimmt, die Neue systematisch anzuleiten? Erkennt sie überhaupt, wenn der Anlernling andere Griffe macht? Hat sie vielleicht nicht sogar ein Interesse daran, der anderen nicht alles genau zu zeigen?

Und letzte Frage: Haben Sie sich überzeugt, daß die beste Arbeiterin auch die »beste Unterweiserin« ist?

Im Rahmen der TWI-Arbeit[31] (Training Within Industry) wird der richtigen Unterweisung besondere Aufmerksamkeit geschenkt. Warum können so viele Menschen andere nicht richtig unterweisen? Vielleicht sind sie selbst befangen, wenn sie etwas erklären oder vormachen sollen; oder sie haben kein Interesse daran, ihre kostbare Zeit für andere zu opfern; oder sie haben überhaupt keinen richtigen Kontakt mit den Menschen, die ihnen anvertraut sind. Andere setzen das, was sie selbst wissen, bei dem Partner als bekannt voraus; wieder andere machen zuviel Worte, während sie etwas erklären, sprechen vielleicht gar von eigenen Erlebnissen, die sie in ihrer Lehre bei diesen Arbeiten hatten, statt die anzulernende Arbeit wirklich zu erklären; manche Vorgesetzte können zwar gut eine Arbeit zeigen, aber sie verstehen es nicht, die Erklärungen dazu in Worten zu geben. Viele sagen zwar, w a s getan werden soll, wenige aber auch, w i e es gemacht werden muß, damit es schnell, richtig, einfach und

---

30 Dem »Kleinen Praktikum für Zeit- und Arbeitsstudien mit Arbeitsschauuhr« des Bearbeiters der Neuauflage entnommen (Oberhoff, a.a.O., S. 90).

31 Früher: Stuttgarter Arbeitskreis — TWI — zur Förderung innerbetrieblicher Arbeitsbeziehungen e. V., Geschäftsstelle Frankfurt a. M., jetzt Verband für Arbeitsstudien — REFA e. V. — Darmstadt.

ohne Schaden gelingen soll, und kaum einer unter Vielen erklärt auch, warum es gerade s o und nicht anders gemacht werden soll. Nämlich nicht deshalb, weil der Vorgesetzte es sich in den Kopf gesetzt hat, es eben so und nicht anders machen zu lassen, sondern weil es erprobt ist, daß es so am besten zum Erfolg führt; der Nachteil würde sich schon herausstellen, wenn es anders gemacht würde. Für manchen ist es schwer, das W e s e n t l i c h e einer Arbeitsausführung selbst zu erkennen, so daß er dem Anlernling auch die Kernpunkte gar nicht besonders deutlich herausschälen kann.

Ob es wohl auch Vorgesetzte gibt, die nicht gleich ungeduldig werden, wenn der Anlernling es nicht sogleich kann? Sollte sich der Vorgesetzte nicht immer den Satz aus der TWI-Unterweisungsmethode vor Augen führen: »Hat der Arbeiter nicht richtig gearbeitet, so hat der Unterweisende nicht richtig gelehrt?«

Zum richtigen Lehren gehört auch, daß man sich selbst gut vorbereitet hat. Wer das, was er einem anderen beibringen will, nicht vorher — und zwar möglichst durch eine Ausführung in der Praxis — zergliedert und durchdenkt, kann sicher sein, daß er gelegentlich sagen muß: »Das hatte ich vorher vergessen zu sagen. Bevor wir dieses machen, müssen wir erst . . .«

Und nun setzt ein Hindernisrennen ein. Der Lehrling muß in seinen Gedanken die Stelle suchen, in die die nachträgliche Einschaltung hineingehört. Aber ehe er sie gefunden hat, hat sein »Lehrmeister« in seiner Erklärung da fortgesetzt, wo ihm die Unterlassung eingefallen war. Der Lehrling läuft nun in Gedanken hinter den Worten des Meisters her, wobei es selbstverständlich ist, daß er sie nicht so gut auffassen kann, als wenn er immer Schritt für Schritt hätte folgen dürfen. Wir wundern uns daher auch nicht, wenn das Nachmachen durch den Anlernling nicht richtig gelingt, ja, wir wundern uns nicht einmal, daß ein solcher »Meister« ihn jetzt noch beschimpft: »Nun habe ich es Ihnen doch genau gezeigt und sogar noch erklärt. Mehr kann ich doch nicht tun. Wenn Sie zu dumm sind, dann . . .«

Kann man erwarten, daß ein solcher Lehrmeister sich die Mühe macht, seinen Leuten zu helfen, eine Arbeit am zweckmäßigsten zu erledigen? Nicht der mangelnde Wille allein ist es, sondern die fehlende Fähigkeit der Beobachtung und Beurteilung. Wie stark die Gewohnheit — auch bei falscher Arbeitsweise — ist, erkennt jeder Betriebsmann, wenn er versucht, von den Arbeitern etwas anders machen zu lassen, als sie seither gewöhnt waren. Diese Menschen davon zu überzeugen, daß die neue Methode wirksamer ist, verlangt die Fähigkeit der richtigen sachlichen Unterweisung, die selbstverständlich psychologisches Einfühlungsvermögen voraussetzt.

Ganz allgemein wird man bei richtiger Anleitung feststellen, daß sich das Schwergewicht von der rein manuellen Tätigkeit auf das Denken verlagert. Nicht die Handgeschicklichkeit bildet den entscheidenden Faktor, sondern die Überlegung, wie eine Arbeit — und sei sie noch so einfach — am schnellsten und am leichtesten erledigt werden kann.

Fast jede Unterweisung im Betrieb krankt bis heute daran: *Es wird das Handwerkliche, der Griff gelehrt; die Leute werden nach Handgeschicklichkeit ausgewählt; zum Denken erziehen ist eine Aufgabe, zu der auch die Vorgesetzten selbst nicht erzogen worden sind.* Sie werden oft ausgewählt nach ihrem fachlichen Wissen, nicht aber nach ihrer Fähigkeit, Menschen richtig zu behandeln und sie richtig anzuleiten.

Richtige Anleitung zu geben setzt also voraus, daß die Menschen, die Vorgesetzte werden wollen, so erzogen und angeleitet werden, daß sie die Gedanken auch in die Praxis umsetzen können. Die älteren Vorgesetzten neigen dazu, zu sagen: »Das haben wir 20 Jahre so gemacht, und es hat geklappt, warum sollen wir es jetzt auf einmal anders machen?« Ein solcher Meister hat eben seit 20 Jahren zugesehen, wie die Zwirnerinnen beim Abzug immer 20 Spindeln auf einmal abstellen und von dieser Gruppe eine Spule nach der anderen wechseln. Dann stellen sie eine weitere Gruppe von ca. 20 Spindeln ab und verfahren ebenso. Der Meister hat vielleicht selbst nicht einmal darüber nachgedacht, daß auf diese Weise zuerst 19, dann 18, dann 17 Spindeln und so weiter stillstehen. Wenn die Zwirnerin ihre Arbeitsweise seit Jahren gewöhnt ist (oder wenn die »beste« Zwirnerin, bei der sie gelernt hat, es ihr so gezeigt hat), so gehört eine eindringliche Unterweisung dazu, etwas anderes zu erreichen. Wie die Unterweisung richtig erfolgen kann, soll an einem weiteren Beispiel erläutert werden:

Beim Spulen vom Strang bleiben manchmal Stränge stehen, weil Verfilzungen den Ablauf hemmen; andere Stränge laufen aus, wodurch die Spulerin vor der Wahl steht, entweder durch Zupfen an dem gehemmten Strang oder durch Auflegen eines neuen Stranges zum Fortgang zu kommen. Meist treten bei 16 bis 20 Spulen beide Arten mehrfach nebeneinander gleichzeitig auf, so daß die Wahl der Handlung erschwert ist. Man möge mal über Wochen einer »Lehrmeisterin« — eben der »besten« Spulerin — zuhören, ob sie jemals ihrem Anlernling eine stichhaltige Begründung dafür gibt, weshalb sie von den verschiedenen Möglichkeiten sich gerade zu dieser oder jener entschließt. Hier setzt das ein, was oben von der Denkarbeit gesagt war. Wir sind überzeugt, daß von 20 Spulerinnen kaum eine begründen könnte, welche Entscheidung am erfolgreichsten ist, weil sie selbst wohl noch nie in der richtigen Weise unterwiesen worden ist.

Macht der Zeitnehmer aber Aufnahmen mit der Arbeitsschauuhr, so kann er der Spulerin nachher — wie im Film — erklären:»Sehen Sie, hier (im Schaubild) standen drei Spulen gleichzeitig still. Sie haben die nächstliegende zum Laufen bringen wollen. Sie lief zwar bald an, wegen Verfilzung blieb sie aber sofort wieder stehen. Sie haben sich insgesamt zwei Minuten daran aufgehalten, so daß inzwischen zwei weitere Spulen ausliefen und eine dritte gehemmt war. Insgesamt standen somit sechs Spulen still. Hätten Sie statt dessen auf die leeren Rahmen neue Stränge aufgelegt, so hätten diese höchstwahrscheinlich längere Zeit produziert. Merken Sie sich daher als Regel: Leere Rahmen sind unbedingt bevorzugt zu füllen. Sie können dabei im Vorbeigehen schnell an diesem oder jenem Strang zupfen, aber sich mit längerer Zupfarbeit nur abgeben, wenn die übrigen Stränge laufen. Nimmt eine Zupfarbeit längere Zeit in Anspruch und es tritt ein Leerlauf an einem anderen Rahmen ein, so unterbrechen Sie Ihre Tätigkeit zugunsten des Strangauflegens. Und weil ich annehme, daß Sie noch nicht den rechten Überblick haben, sondern sich erst an diese Methode gewöhnen müssen, arbeiten Sie in der nächsten halben Stunde nur nach meiner Anweisung.«

»Also: Auf Rahmen vier einen frischen Strang auflegen. Jetzt auf Rahmen sieben ebenso. Rahmen 14 wird in etwa 30 Sekunden leer werden, also nehmen Sie schon jetzt einen Strang auf, schütteln ihn gehörig. — So, jetzt ist es so weit, also auflegen. — Warum ließ ich den frischen Strang schon schütteln, solange der alte Strang noch nicht ganz abgelaufen war? Jetzt stehen nur zwei Stränge. Der eine hat Ihnen vorhin schon viel Mühe gemacht, er ist also verfilzt. Wenden Sie sich daher zuerst dem anderen zu, vielleicht haben Sie mehr Glück damit. Nein, leider auch nicht. Aber da drüben will ein Strang wieder auslaufen, also lassen Sie den verfilzten ebenfalls beiseite und nehmen einen neuen Strang auf, schütteln ihn, und nun ist es gerade Zeit, ohne eine Sekunde zu verlieren, das Auflegen zu erledigen.«

»Merken Sie bereits jetzt, daß meistens mehr Stränge laufen als vorher bei Ihrer Arbeit? Zwar müssen Sie mehr denken, aber zu arbeiten brauchen Sie nicht schneller als vorher. Sie werden aber sehen, daß Sie mehr Geld verdienen.«

So oder ähnlich spielt sich die richtige Unterweisung ab. Aber ein Einwand: »So viel Zeit, jemand etwas beizubringen, habe ich nicht!« — Wir überlassen es dem Leser, diesen Einwand selbst zu widerlegen.

Ist es nicht so, daß derjenige, der n i c h t   m i t   d e m K o p f e arbeitet, sich anstrengt, sich abrackert und abhetzt und doch nicht viel Geld verdient, während der andere, der überlegt arbeitet, sich Ruhe gönnen kann und mehr fertigbringt?

Wir können nicht erwarten, daß der einfache Arbeiter die beste Methode selbst findet, sondern der Vorgesetzte oder der Arbeitsstudienmann muß ihm dabei behilflich sein durch richtige Anleitung.

5 Die Aufgaben und die Verhaltensweise des Arbeitsstudienmannes im Betrieb

5.1 Zeitstudien und Arbeitsrationalisierung sind nur dann erfolgreich zu leisten, wenn sie als Sonderaufgabe betrieben werden

Ganz besonders schlecht ist die Beobachtungsfähigkeit des Menschen dann, wenn die ausdrückliche Absicht zu beobachten nicht besteht. Es ist ja Hauptergebnis der Zeugenpsychologie, wie ungemein dürftig die Auffassungs- und Wiedergabefähigkeit von Vorgängen ist, bei denen eine ausdrückliche Beobachtungsabsicht nicht bestanden hat.

Man kann den Satz verallgemeinern: *Nur der hat eine Arbeit richtig beobachtet, der sich nur zum Zwecke des Beobachtens vor die Arbeit gestellt hat.* Und ein einmaliges ausdrückliches Beobachtenwollen hat oft mehr Wert als jahrelange sogenannte »Erfahrungen«.

Der Leiter einer Fabrik, bei dem wir experimentelle Arbeitsstudien anstellten, machte das Eingeständnis: »Ich habe erst heute gesehen, wie bei mir gepackt wird.«

Die menschliche Beobachtungsfähigkeit ist so gering, daß man sich von vornherein sagen sollte: Ich habe die Arbeit jetzt einmal gesehen, ich weiß also von ihr »noch nichts«; erst wenn ich wiederholt und unter ausdrücklichem Ausgleichen meiner Unfähigkeit durch das systematische Beobachten vorgegangen bin, bin ich auf dem Wege zu einer richtigen Beobachtung.

Die Mittel zur Systematisierung der Beobachtung sind: planmäßige genaue Beschreibung der einzelnen Besonderheiten, Nachahmung und schriftliches Niederlegen. Erst dann, wenn man das getan hat, sieht man, welche »Löcher« die Beobachtung hat, und wie ungemein kompliziert und vielfältig selbst scheinbar einfachste Arbeiten sind[32].

---

32 *Der Bearbeiter:* Es muß immer wieder darauf hingewiesen werden, daß diese Feststellung nicht nur für den »Zeitnehmer« gilt, sondern für jede Arbeitsgestaltung und eigentlich ganz besonders für den Konstrukteur gelten sollte, der viel zu wenig darauf geschult wird. Übrigens könnte auch die Arbeitsbewertung und die Ermittlung von Erholungszuschlägen Vorteile aus guten Arbeitsanalysen ziehen.

Die auch vom praktischen Standpunkt aus recht großen Lükken der Beobachtung zeigen sich ganz besonders in der Ignorierung der i n d i v i d u e l l e n U n t e r s c h i e d e, die in der Zeitstudienliteratur schon zur schlechten Gewohnheit geworden ist. Denn nur wenn man schlecht beobachtet, sind Arbeitsausführungen so gleich, wie sie uns in der Zeitstudienliteratur in Tabellen vorgeführt werden.

Noch einiges zur theoretischen Begründung unserer These: *Wir wissen, daß gemäß psychologischen Grundgesetzlichkeiten »verschiedene Determinationen einander ausschließen«.* Werden einer Versuchsperson verschiedene Figuren vorgeführt, so kann sie nicht beziehungsweise nur unvollkommen zugleich auf deren Größe, Farbe und Form achten. Das Optimum der Beobachtung wird erst dann erreicht, wenn der Beobachter nacheinander je einseitig beobachtet, also zuerst etwa auf Größe, dann auf Farbe, dann auf Form und so weiter. Für unsere Verhältnisse ergibt das den so wichtigen Satz, daß es gerade das Überwiegen der Zeitmessung ist, das die Auffassung der Besonderheiten des Arbeitsprozesses, insbesondere das Sehen der Arbeitsmängel, ganz erheblich schädigt. Ein durchschnittlicher Zeitnehmer erledigt seine Aufgabe, die Einzelzeit zu messen und zu notieren, gewöhnlich richtig; wenn man ihn aber hinterher nach Besonderheiten fragt, zeigt sich oft völliges Versagen. Man mache nur folgenden Versuch: Der Zeitnehmer hat, etwa für einen gleichförmigen Arbeitsprozeß, eine Reihe von Zahlen hingeschrieben; man tippe jetzt auf die zwei längsten Zeiten: was ist hier Besonderes gewesen? Leider erhält man als Regel die Antwort »das weiß ich nicht mehr«. Und doch ist es ganz gewiß, daß dann, wenn bei identischen Arbeitsteilen vereinzelt ungewöhnliche Verlängerungen der Zeiten auftreten, besondere Umstände vorgelegen haben.

Auch heute noch ist es ungemein schwer, die Praxis davon zu überzeugen, daß zu wirkungsvollen Arbeits- und Zeitstudien sowie zum erfolgreichen Rationalisieren Voraussetzung sein muß: Der Rationalisierungsingenieur darf weiter nichts tun als seiner S o n d e r a u f g a b e nachzugehen.

Man findet ungemein häufig die Auffassung, daß die Aufgabe des Arbeits- und Zeitstudiums und des Rationalisierens zu den normalen Funktionen eines »guten« Betriebsleiters gehören müsse. Mir sagte der Direktor eines großen Betriebes, mit dem ich deshalb uneins wurde: »Wer als Betriebsleiter nicht selbst dieser Aufgabe genügt, ist kein guter Betriebsleiter und kann gehen«. Nun, diese Betriebsleiter haben keine Zeitstudien gemacht und sind doch geblieben!

Ein Betriebsleiter kann Arbeits- und Zeitstudien nicht machen und soll auch nicht von sich aus rationalisieren. Zunächst das massivste Argument: Arbeits- und Zeitstudien haben ja nur dann einen Sinn, wenn sie wesentliche Unvollkommenheiten der bestehenden Betriebs- und Arbeitsverhältnisse aufdecken. Es ist rein psychologisch ein Widersinn, daß ein Betriebsleiter selbst derjenige sein soll, der die Unvollkommenheiten »seines« Betriebes nachweist. Ich kenne zwar Betriebsleiter, die sich unvoreingenommen die Schwächen ihres Betriebes von anderen zeigen lassen und sich um eine Änderung bemühen. Allzu häufig sind sie sicherlich nicht!

Es ist, wie wir schon gesehen haben, ein psychologisches Grundgesetz, mit dem man nun einmal rechnen muß, daß von dem Menschen nur das von ihm selbst Gemachte und Angeordnete für das Richtige gehalten und vehement verteidigt, zum mindesten aber die Unvollkommenheit restlos entschuldigt wird mit Faktoren, »an denen er selbst nicht Schuld trägt«. Fast immer tritt einem doch in der Praxis die Formel entgegen: »Ja, was wäre unser Betrieb, wenn die oberste Direktion nur das täte, was ich sage. Wenn meine Vorschläge durchgegangen wären, dann wäre alles gut.«

Die mannigfachen Funktionen, die der Betriebsleiter hat, und welche vor allen Dingen bei uns in Deutschland Abwesenheit aus dem Betrieb bedingen (Bürotätigkeit), machen es schlechterdings unmöglich, den Betriebsleiter für die Arbeitsrationalisierung wirksam zu verwenden. Dasselbe gilt für die in Deutschland so ungemein häufige Lösung, daß der Assistent des Betriebsleiters für Zeitstudien eingesetzt wird: Wird er nicht ganz ausschließlich an die Arbeitsrationalisierung gesetzt, dann ist ein Erfolg mit Sicherheit nicht zu erwarten.

5.2 Bei vielen Arbeitsgestaltern besteht die Neigung, auch diejenigen Dinge von der theoretischen Überlegung aus zu beurteilen, die man nur induktiv von praktischen Versuchen her beurteilen kann

Man kennzeichnete mittelalterliches Denken dadurch, daß sich gelehrte Körperschaften über die Zahl der Zähne des Pferdes gestritten hätten, bis es schließlich endlich einmal einem eingefallen wäre, dem Gaul in das Maul zu gucken. Wer genauer zusieht, weiß, daß wir dieses Denken noch längst nicht überwunden haben. Zwei praktische Beispiele:

In einer Textilfabrik waren zwei Arbeitsprozesse, Sortieren und Säubern, miteinander vereinigt. Als ich das beanstandete und Trennung vorschlug, wurde dies sofort abgelehnt mit dem Hinweis: Ja, das ist doch unzweckmäßig, denn da muß die Ware zweimal aufgenommen und es muß zweimal mit ihr hantiert werden. Dabei zeigte die genauere Erprobung jedoch, daß der durch Teilung der Arbeit erzielte Zeitgewinn größer war als der Zeitverlust durch doppeltes In-die Hand-nehmen.

Ich habe einmal ein Experiment darüber angestellt: Vor einer Anzahl von Ingenieuren zeichnete ich an die Tafel eine Dreharbeit. Es sollte eine Bronzescheibe von etwa 15 cm Durchmesser zu einer Scheibe von etwa 10 cm Durchmesser abgedreht werden. Das konnte einerseits so geschehen, daß man den Ring ausstach, andererseits durch Abdrehen eines Spans nach dem anderen. Ich stellte die Frage: Welche Bearbeitungsform ist die zweckmäßigste? Charakteristisch war nun, daß die Befragten sich darüber stritten. Der eine sagte: die erste Methode, der andere: die zweite. Die richtige Antwort war einzig und allein die: Das kann kein Mensch wissen, das muß man p r a k t i s c h p r o b i e r e n.

Immer wieder kann man beobachten, daß der Mensch den bequemen Weg der Lösung in Gedanken dem mühseligeren Weg der »Erprobung« vorzieht. Wenn auch natürlich nicht verneint werden soll, daß das Lösen in Gedanken die höchste Form der menschlichen Produktivität darstellt und das eigentliche Instrument der großen Entwicklungen ist, so muß doch auf der anderen Seite immer wieder darauf hingewiesen werden, daß das Lösen in Gedanken auch als das Prinzip einer normalen »menschlichen Bequemlichkeit« auftritt.

Ich weiß von einem Betrieb, der eine große Anlage auf

Grund einer an sich durchaus richtigen Vorüberlegung ohne Erprobung im kleinen erbaute, die sich aber nachher infolge eines »in Gedanken« nicht vorauszusehenden Nebenumstandes als völlig verfehlt erwies.

Das sicherste Mittel, gegen diese Neigung, das unbequeme Erproben wegzulassen, anzukämpfen, ist, den Fehler zu erkennen und ihn durch Selbstdisziplin zu vermeiden.

5.3 Bei der Umgestaltung von Arbeitsplätzen ist planmäßiges Experimentieren anzuraten

Betriebskenner werden mir bestätigen, daß bei der Neugestaltung von Arbeitsplätzen in der Praxis das experimentelle Prinzip vorläufig noch eine recht geringe Rolle spielt, eine geringere jedenfalls, als in den Laboratorien beziehungsweise bei technologischen Untersuchungen. Das liegt in erster Linie daran, daß es sich bei Neuorganisation von Arbeitsplätzen in der Praxis gewöhnlich um zeitlich drängende, unmittelbar zu erledigende Aufgaben handelt, und man glaubt, zu vorherigem Experimentieren, welches natürlich eine gewisse »Muße« voraussetzt, keine Zeit zu haben.

Als Ausnahme habe ich in einer großen Schraubenfabrik gefunden, daß, ehe eine neue Maschine oder Arbeitsanordnung in den Betrieb kam, in einem besonderen »Versuchsfeld« experimentelle Studien stattfanden, und zwar mit Hilfe kleiner Modelle, improvisierter Arbeitsplätze und so weiter, die allen experimentellen Möglichkeiten Rechnung trugen.

So wichtig natürlich die Verbesserung vorhandener Arbeitsplätze und Arbeitsorganisationen ist, so bedarf es eigentlich keiner Begründung, daß die Aufgabe einer Neuschöpfung von Arbeitsplätzen auf Grund von experimentellen Vorstudien darüber weit hinausgeht. Das eine ist Korrektur, das andere Neugestaltung.

Überschaut man praktische Rationalisierungsarbeit, so ist sie meistens deduktiv-induktiv, das heißt, man vermutet aus der Erfahrung heraus eine Verbesserungsmöglichkeit und verwirklicht sie dann.

Der eigentliche S i n n des E x p e r i m e n t i e r e n s ist aber, daß man sehr häufig große, ganz unvermutete E r f o l g e hat, wenn man nur p l a n m ä ß i g die B e d i n g u n g e n w e c h s e l t.

Ich erwähne nur ein Beispiel: Beim Sortieren kleiner Metallteile wurde das Material in vertikaler Richtung zugeführt und weggeschoben. Das schien nach der ganzen Situation »das Gegebene« zu sein. Und doch führte die willkürliche Variation der Bedingungen, das Material horizontal zuzuführen, sofort zu einem Zeitgewinn, dessen Ursache sich natürlich bei näherer Untersuchung aufklärte.

Man muß dem Praktiker sagen, daß derartige experimentelle Vorstudien gar nicht so teuer sind, wie er denkt. Man kann gerade zu Anfang oft mit den primitivsten Hilfsmitteln auskommen. So haben wir einmal bei Vorstudien zur Bandarbeit die Bedingungen der Bandarbeit so hergestellt, daß ein Lehrling das Material stetig mit der Hand zuführte und verteilte, während die Arbeiterin »gezeitet« wurde.

Die Ingenieure neigen viel zu sehr dazu, sich auf das Zeichnen zu verlassen; es erscheint ja als das schnelle Vorexperimentieren, vor allem weil der Radiergummi nicht viel kostet. Es fehlt aber gerade der Zeichnung das eigentlich Ausschlaggebende, die Bewegung der Teile. Ohne Experimentieren begeht man dann leicht die größten Irrtümer, die nachher, wenn sie sich an fertig gebauten Maschinen herausstellen, unter Umständen sehr viel mehr Geld und Zeit kosten, als die mit Behelfsmitteln vorher experimentell studierte Anordnung.

5.4 Ziel des Zeitstudiums ist die »Arbeitsstudie« als qualitative Ermittlung; die Zeitmessung als solche darf nicht im Vordergrund stehen

Man nehme mir die Kritik nicht übel: Auch die modernen Bestrebungen, wie sie zum Beispiel von REFA vertreten werden, lassen den echten Fortschritt vermissen. Damit will ich aber keinesfalls eine Kritik aussprechen, die die sehr verdienstvolle Tätigkeit des REFA herabsetzt. Es zeigt sich vielmehr das ganz allgemeine Entwicklungsgesetz, daß neue Ideen sich erst dann wirksam durchsetzen, das heißt, breite Praxiswirkung bekommen, wenn sie »simplifiziert« werden. Diese Simplifizierung zeigt sich deutlich in dem Vorrangieren der Zeitermittlung.

Es gibt leider heute nicht wenig Zeitnehmer, deren ganze

Aufgabe als »Zeitermittlung« hinlänglich gekennzeichnet ist[33]. Ich lasse mir in jedem Betrieb, wo dazu Gelegenheit ist, Original-Zeitstudienbogen vorlegen und habe dabei festgestellt, was mir übrigens andere Betriebswissenschaftler auch bestätigt haben, daß es viele Betriebe gibt, bei denen der Zeitnehmer seine Aufgabe darin sieht, ganz stumpfsinnig die Zeiten festzulegen. In einem großen Betrieb fand ich einen Stoß Zeitaufnahmebogen von einem halben Meter Höhe, in denen, soweit ich feststellen konnte, keine einzige qualitative Bemerkung über die Art der Ausführung der betreffenden Arbeit stand.

Gewiß wird manche Firma von dieser Methode einen praktischen Nutzen haben; denn es ist immerhin gut, unbekannte Zeiten zu bekannten werden zu lassen. Aber eine einfache Besinnung zeigt doch, daß damit der weitergehende Zweck, die Verbesserung der Arbeit, erheblich vermindert wird. Denn: Ist einmal festgelegt, daß »man zur Montage des Stükkes 20 Minuten braucht«, so ist damit gesichert, daß es zunächst bei diesen 20 Minuten auch fernerhin bleiben wird. »Man braucht so und so viel«, »man läßt die Maschine mit so und so viel Touren laufen« und so weiter.

33 *Der Bearbeiter:* Diese von mir gewählte Fassung ist bereits eine wesentliche Abschwächung der Originalfassung von Poppelreuter. Ich mochte jedoch nicht vollständig auf inhaltliche Wiedergabe seiner Kritik verzichten, weil der ständig und geradezu beschwörend wiederholte Hinweis auf die Gefahr der reinen Zeitermittlung und des Vorrangierens der Zeitbetrachtung beim Leistungsgradschätzen keinesfalls ungehört verhallen soll.
REFA hieß zu Poppelreuters Zeiten noch: »Reichsausschuß für Arbeitszeitermittlung«, brachte also im Namen bereits zum Ausdruck, daß er ein in der Zukunft nicht mehr vertretbares Einzelziel verfolgte. In der heutigen Bezeichnung als »Verband für Arbeitsstudien — REFA e. V.« zeigt sich bereits, daß Poppelreuters Warnung auf fruchtbaren Boden gefallen ist. Das beweisen die offiziellen REFA-Schriften, die Lehrgänge und nicht zuletzt die Arbeit der REFA-Männer in der Praxis. Schon in den bis vor wenigen Jahren bestehenden vier großen Aufgaben der REFA-Arbeit: Arbeitsablaufstudie — Arbeitszeitstudie — Arbeitswertstudie — Arbeitsunterweisung kam zum Ausdruck, wie sehr die REFA-Arbeit über bloße »Zeitermittlung« hinausgewachsen ist. Inzwischen enthält die »Methodenlehre des Arbeitsstudiums« von REFA außer den genannten Teilen noch die Datenermittlung, Kostenrechnung, Lohngestaltung und wird ständig weiter ausgebaut.

Aber alle diese »mans« sind die Hemmschuhe des Fortschritts. Gerade gegen dieses »man braucht«, »man nimmt« sollte ein unerbittlicher Feldzug geführt werden.

Die verschiedenen Zeiten sind nur der abstrakte Ausdruck für q u a l i t a t i v e   A r b e i t s v e r s c h i e d e n h e i t e n. Arbeitszeiten besagen nur dann etwas, wenn gleichzeitig Art und Weise des Arbeitens ermittelt wird.[34]

5.5 Nur die Heranziehung verschiedener Menschentypen zu Arbeitsstudien erlaubt die Beurteilung der unterschiedlichen individuellen Leistungen

Während im Anfang des Arbeitsstudiums und auch heute noch in manchen Ländern empfohlen wurde, den »besten« Mann für Zeitstudien (als Beobachteten) zu nehmen, gilt jetzt fast allgemein die Forderung, einen »mittleren« Mann zu nehmen. Wissenschaftliche Besinnung aber zeigt, daß hier überhaupt nicht schematisiert werden darf. Jede Studie an einem einzelnen Arbeitstypus bleibt einseitig; was man bei der Verwendung des besten Mannes herausbekommt, ist nach ganz anderer Richtung hin fruchtbar, als das, was man bei dem schlechten herausbekommt.

Genau betrachtet, zeigt sich auch hier wieder die von mir so sehr bekämpfte Neigung, die reine Zeitermittlung in den Vordergrund zu stellen; denn die Schematisierung der Zeitstudienliteratur bezieht sich in erster Linie auf die Beantwortung der Frage: Welcher Zeitwert soll allgemein zugrunde gelegt werden?

---

34 *Der Bearbeiter:* Dieses Kapitel scheint mir des Studiums besonders wert. Ich habe den Eindruck, daß Poppelreuters Argumente zwar in der Methodenlehre vollauf berücksichtigt werden, nicht immer aber in der Praxis. Viele Absolventen von Lehrgängen meinen, sie seien fertige »Zeitnehmer im weiteren Sinne«, wenn sie ihren Befähigungsnachweis durch ein »Zeugnis« belegen könnten. In Poppelreuters berechtigtem Vorwurf kommt zum Ausdruck, daß Leistung allzu oft als »Tempo« statt als »Art der Ausführung« beurteilt wird.

Bei zahlreichen industriellen Arbeitsaufgaben besteht durchaus nicht immer Korrelation zwischen Geschwindigkeit und »Leistung«. Eine Spulerin zum Beispiel, die bei »taktischer« Arbeitsweise auf Grund von »Mitdenken« stets rechtzeitig an der

Spindel steht, die im nächsten Augenblick durch Ablauf der Garnmenge zum Stillstand kommen wird, mag relativ langsam arbeiten gegenüber einer anderen Spulerin, die erst dann zu den Spindeln eilt, wenn diese bereits zum Stillstand gekommen sind. Die zuletzt geschilderte Spulerin hätte wegen ihres höheren Tempos einen höheren Leistungsgrad als die andere, obwohl gerade das Gegenteil der Fall sein müßte: Wer mit dem Kopf arbeitet, kann es sich zuweilen leisten, die Hantierungen langsamer zu vollziehen und umgekehrt: Wer nicht mit dem Kopf arbeitet, ist gezwungen, diesen Mangel an echtem Leistungsgrad durch Eile im Gehen oder bei den Hantierungen wieder herauszuholen. Die Frage, die der Zeitnehmer sich bei der Schätzung des Leistungsgrades zu stellen hat, darf daher nicht lauten: Wie »schnell« würde ein »normaler« Arbeiter diese Tätigkeit erledigen, das heißt: Liegt der Beobachtete über oder unter »normal«?, sondern sie muß lauten: »Auf welche Weise (und im übrigen, wie schnell) würde ein normaler Arbeiter diese Arbeit tun, daß heißt, hat der Beobachtete gegenüber dem Normalen in der Art der Erledigung etwas voraus oder nicht? So will ja auch REFA die tatsächliche Leistung im Verhältnis zur Normalleistung nach der Intensität und der Wirksamkeit beurteilt wissen. Ich halte deshalb die Schätzung des Leistungsgrades am Beispiel des »Gehens« nur dann für vertretbar, wenn diesem einen Beispiel noch weitere folgen, die dem Bereich wirklicher »Arbeit« entnommen sind.

Würde man darauf verzichten, so erschiene es mir als ein Trugschluß, zu glauben, daß eine sichere Beurteilung des Leistungsgrades hierbei der Beweis für die Befähigung zum richtigen Leistungsgradschätzen überhaupt sei. Ich sehe zwischen dem »Gehen« und einer »Arbeit« nicht nur einen graduellen, also den Schwierigkeitsgrad betreffenden Unterschied, vielmehr einen grundsätzlichen. Wer also das Gehen richtig beurteilt, hat meiner Meinung nach noch lange nicht sozusagen das kleine Einmaleins gelernt, auf das sich das schwierigere Rechnen alsdann aufbaut. Zwischen »Gehen« und »Arbeiten« ist ein Unterschied, wie zwischen »Schönschreiben« und »Aufsatzschreiben«. Beim Gehen ist das Tempo gleich dem Erfolg; wer schnell geht, kann das mittels der Uhr beweisen, und es bleibt kein Raum mehr für einen Disput, ob es zweckmäßig war oder nicht. Beim Arbeiten dagegen kann sehr wohl ein positiv zu bewertender Faktor (zum Beispiel große Geschwindigkeit) mit einem negativ zu beurteilenden (zum Beispiel mangelnde Sorgfalt) zusammentreffen. Schnelles und unsorgfältiges Arbeiten läßt sich genau genommen nicht unter einen Begriff bringen; es ist gefährlich, zu sagen: Zwar hat er schnell gearbeitet (+), doch leider wenig sorgfältig (—), und nun das Plus gegen das Minus in Anrechnung zu bringen, etwa: Leistungsgrad »Schnelligkeit« = 120 Prozent,

Wenn man, wie dies hier geschieht, die Rationalisierung, die Bestgestaltung des Arbeitsvorganges in den Vordergrund stellt, dann kommt man unabweislich zu der Konsequenz, zu einer Arbeitsstudie so viel verschiedene Menschentypen zu nehmen wie möglich, beziehungsweise sich auf die im folgenden dargelegte Verwendung von mindestens drei Typen festzulegen.

Das, was man bei der Verwendung des besten Mannes herausbekommt, ist, daß man vom besten Mann die Besthantierungen lernt. Es ist ja ein bekannter Grundsatz des Taylorismus, die von den Bestleuten als erfolgreich abgesehenen Arbeitsmethoden in Form gebundener Anweisungen auch auf die Minderleistenden zu übertragen. Daher ja auch der Vorwurf von Arbeitnehmerseite, daß diese Art der Maßstabbildung dem Arbeiter sein »geistiges Eigentum stehle« und ihm damit seine individuelle Überlegenheit raube.

Die Tatsache selbst ist richtig; jedoch handelt es sich dabei um ein ganz allgemeines Gesetz menschlichen Fortschritts, das sich überall im Leben zeigt, es nimmt eben auf individuelle Egoismen nicht so sehr Rücksicht. Es muß hervorgehoben werden, daß die Forderung, einen Bestmann zu verwenden, unbedingt beibehalten werden muß, daß man aber dabei sehr genau im Auge behalten muß: Dies geschieht nicht, um den kürzesten Zeitwert des Bestmannes als normal oder auch mit einem Zuschlag zugrunde zu legen, sondern um dessen rationellere Arbeitsweise kennenzulernen.

Einer genaueren Prüfung bedarf die Darlegung meiner Forderung, zu Arbeits- und Zeitstudien auch ausgesprochen »minderwertige« Arbeitskräfte zu verwenden.

Ziel der Technik ist: ein Maximum an qualifizierter Arbeit mit einem Minimum an menschlichen Qualifikationen verrichten zu lassen.

Diese These ist ein Grenzideal, weil es niemals gelingen wird, die menschliche Qualifikation aus der Arbeit auszuschalten, und selbst wenn man obigen Grundsatz optimal be-

---

Leistungsgrad »Sorgfalt« = 90 Prozent, im Mittel: 105 Prozent. Wenn ich eine Arbeit habe, die Sorgfalt unbedingt verlangt, spielt die Geschwindigkeit eine ganz untergeordnete Rolle. Die 120 Prozent Tempo reißen die nur 90 Prozent Sorgfalt überhaupt nicht heraus oder umgekehrt. Ich wiederhole: Die Methodenlehre wendet diese Erkenntnisse an; die Zeitstudienmänner müssen erst in der Praxis »am eigenen Leib« erfahren, daß sie sich genauestens an die Lehre zu halten haben.

folgt, wird der Mangel an qualifizierten Arbeitern stets bleiben. Es erübrigt sich deshalb, auf das literarische Gerede bezüglich der »Herabdrückung des Menschentums durch Zunahme der unqualifizierten Arbeitsmethoden« und so weiter einzugehen.

Ein Arbeitsvorgang ist schlecht organisiert, wenn zu dessen Ausführung menschliche Qualifikation gehört, die nur selten vorhanden ist, unter der Voraussetzung, daß es möglich ist, diese Qualifikation technisch auszuschalten.

Die Konsequenz ist die experimentelle Arbeitsstudie mit Menschen offensichtlich niederer Qualifikation.

Es ist sonderbar, daß wir noch nicht als allgemein anerkanntes Verfahren »die Eichung von Arbeitsmethoden durch experimentelle Verwendung von Schwachsinnigen und Defekten« haben[35].

Vor längerer Zeit hatte ich ein Gutachten zu erstatten über die regierungsseitige Genehmigung, ein kleines Elektromobil ohne Führerschein fahren zu lassen. Mein Verfahren war das denkbar einfachste: Es wurden auf das Elektromobil gesetzt: Gelähmte, Schwachsinnige, Sehgestörte, Hirnverletzte und Kinder — und nun untersucht, ob und inwieweit diese zu einer die eigene und fremde Sicherheit nicht gefährdenden Fahrweise imstande waren. Die Untersuchungen ergaben einwandfrei, daß die Bedienung von diesen minderen Arbeitskräften ohne Gefährdung der Sicherheit geleistet werden konnte.

Dieses Verfahren muß eine ganz allgemeine Verbreitung bekommen. Zum Beispiel weiß man, daß die Steuersysteme von Kränen, Walzstrecken, Förderanlagen sich in der Bedienung sehr stark unterscheiden.

So wurde glaubhaft nachgewiesen, daß bei einer bestimmten Fördermaschine die Anlernungszeit sich auf ebensoviel Stunden bemesse wie bei einem anderen System auf Tage.

Für die Rationalisierung des Arbeitsplatzes wird man um so mehr lernen, je schlechter die Arbeitskraft ist, die man zur Arbeitsstudie heranzieht. Es ist also auch der Praxis zu emp-

---

35 *Der Bearbeiter:* Man muß wissen, daß Poppelreuter Psychiater war und Spezialist für hirnverletzte und arbeitsbehinderte Menschen; man muß auch wissen, daß Poppelreuter in Wort und Schrift zu zugespitzter Ausdrucksweise neigte: Das macht seine Ausführungen gerade so anschaulich und so wenig »magisterhaft«.

fehlen, zur Arbeitstudie Laien, Kinder und so weiter zu nehmen; man wird große Erfolge dabei buchen können. Ist doch letzten Endes auch hier wieder die banale Weisheit: Das ist so einfach, das kann ein Kind! In der Tat, das Ideal liegt darin, die Arbeitsprozesse in immer wieder neuen Änderungen so zu gestalten, daß sie ein Kind ausführen kann.

5.6 Der Zeitnehmer muß sich bemühen, der »Psyche des Arbeiters« stets Rechnung zu tragen

Die Wissenschaft muß einengen. Daher ist in diesem Buch das »Sozialpsychologische« herausgeblieben. Da aber Arbeitspsychologie und Sozialpsychologie ohne scharfe Grenzen ineinander übergehen und der sozialpsychologische Faktor von allerhöchster Wichtigkeit ist, so muß wenigstens einiges darüber gesagt werden.

In der alten Zeitstudienliteratur findet sich ein gewisses Schema, das ungefähr auf die Formel gebracht werden kann: Wir verlangen vom Arbeiter keine seiner seelischen und körperlichen Gesundheit schädliche Überanstrengung, aber volle Hergabe der Arbeitskraft!

Das klingt ja ganz gerecht. Und trotzdem ist es wichtig, diesen Satz genau zu untersuchen. Zunächst fragt der Arbeiter mit Recht: Ist denn dieses Prinzip in allen Berufen verwirklicht? Da muß man gerechterweise eingestehen, daß in manchen Berufen dieser Grundsatz keinesfalls herrscht, sondern daß sehr häufig das Arbeitspensum überhaupt nicht so genau nachgewiesen werden kann. Schon das allein bedingt seelischen Widerstand; denn der Arbeiter findet, daß er in dieser Hinsicht gegenüber anderen Berufsgruppen benachteiligt ist, eben weil er bezüglich der K o n t r o l l e der Hergabe der optimalen Arbeitsleistung so glatt erfaßbar ist.

Als Beispiel möge die Steuererhebung in Form des Lohnabzuges dienen. Überall in der Arbeiterpresse wurde darüber geklagt, »daß der arme Arbeiter und Angestellte sicher erfaßbar sei«, während so und so viele andere, Geschäftsleute und so weiter, nicht genau zu erfassen seien.

Es ist tiefenpsychologisch ohne weiteres klar, daß sich der Mensch gegen jede Maßnahme, die er durch irgendein Machtverhältnis erdulden muß, innerlich zur Wehr setzt, obwohl sich Reaktionen dieser Art teilweise im Unterbewußten abspielen. Es wäre daher sehr unpsychologisch, dem Arbeiter die Zeitstudie so ohne weiteres »zuzumuten«.

Ich habe bei der Zeitaufnahme grobe Verstöße nicht nur gegen psychologische, sondern vor allem gegen »menschliche« Gesichtspunkte gefunden. Sehr oft habe ich zum Beispiel erlebt, daß ein Zeitnehmer in den Betrieb ging und dann, ohne den Arbeiter gegrüßt, ohne ihm Sinn und Zweck mitgeteilt zu haben, abstoppte, so wie wenn Umlaufzahlen, Tourenzahlen einer Maschine zu bestimmen gewesen wären. Der Arbeiter fühlt sofort die D e g r a d i e r u n g, die in einem solchen Verhalten liegt und wehrt sich dagegen, wenn er nicht ganz stumpfsinnig ist.

Ebenso falsch ist die gegenteilige Haltung, die ich auch häufig beobachtet habe, nämlich daß man vorher mit dem Arbeiter ein Palaver hält des Inhalts, daß die jetzt vorzunehmende Zeitstudie keinesfalls zu seinem Schaden, sondern nur zu seinem Nutzen angestellt werde. Man muß wissen, daß der Arbeiter, der ja in bezug auf seine Fähigkeit, wirtschaftlich-produktive Zusammenhänge zu durchschauen, ein »Minderwertigkeitsgefühl« hat, gerade dadurch mißtrauisch wird. Jeder Gewerkschaftssekretär weiß, daß seine eigenen Leute hauptsächlich deshalb gegen ihn kämpfen, weil sie fürchten, von ihm »Brei um den Mund geschmiert zu bekommen«. Daß dieses Mißtrauen in verstärktem Maße gegenüber Funktionären der »Kapitalistenklasse« auftritt, ist verständlich.

Es empfiehlt sich von selbst die mittlere Linie einer »ruhigen, zurückhaltenden Freundlichkeit ohne allzuviel Worte«, worüber Vorschriften zu machen natürlich nicht möglich ist. Es muß dem Takt des Zeitnehmers überlassen bleiben, welche Haltung er einnehmen will. In dem folgenden Kapitel soll aber wenigstens der Versuch gemacht werden, anhand einiger Beispiele die Verhaltensweise des Zeitnehmers in einfachen und komplizierten Fällen darzutun[36].

Ganz besonders empfehle ich bei der Zeitaufnahme mit Registrierinstrumenten, dem Arbeiter die Wirkungsweise der Instrumente kurz zu erklären. Der Arbeiter empfindet das als wohltuende Beachtung seiner Person; er hat übrigens meiner Ansicht nach ein Recht darauf, das Verfahren zu kontrollieren, von dem sein Lohn abhängt.

---

36 (Entnommen aus Oberhoff: Kleines Praktikum der Zeit- und Arbeitsstudien mit der Arbeitsschauuhr; a.a.O., S. [90]).

5.7 Richtiges Verhalten des Zeitnehmers gegenüber dem Arbeiter ist zum Teil angeboren, zum Teil aber auch erlernbar; um so erstaunlicher ist es, wie selten es Gegenstand der Lehrpläne für Ausbildung von Zeitnehmern ist

Die Veranstalter von Lehrgängen für Zeitnehmer sind sich durchaus darüber im klaren, daß auch ein sehr gutes Prüfungsergebnis als Abschluß des Lehrganges nicht die Zweifel ausschließt, ob der Lehrgangsteilnehmer in der Praxis bestehen wird. Schon in Kapitel 4.2 habe ich erläutert, daß Zeitnehmen heißt: Zum Menschen in Beziehung treten.

Gewiß, für richtige Behandlung der Menschen im Betrieb gibt es kein Rezept, kein Nachschlagewerk, in dem alle vorkommenden Fälle registriert sind; wir können jedoch froh darüber sein, daß es das nicht gibt, weil man beim »In-Beziehung-treten« nicht wie bei einem Kochbuch verfahren kann in Form von »m a n   n e h m e ...«. Aber es gibt Leitgedanken und Beispiele, an die man sich halten kann, zum Beispiel an den so einfach klingenden Satz, der dennoch eine tiefe Wahrheit enthält:

Das A und das O der richtigen Menschenbehandlung ist die Fähigkeit, sich in die Lage des anderen hineinzuversetzen.

Wer das nicht kann oder nicht für nötig hält, wird niemals den anderen richtig behandeln können. Diese Aufforderung, sich in die Lage des anderen hineinzuversetzen, ist zwar oft gepredigt, doch selten so erläutert worden, daß man etwas damit anfangen kann. Wir kennen doch alle Denkmäler, die Figuren darstellen, in die man auf Treppen oder Leitern hinaufklettern kann. Oben im Kopf bietet sich dem Besucher durch die Fenster, die ja die Augen dieser Figuren darstellen, ein weiter Blick. So, wie der Besucher in einem Denkmal durch die Augen der Figur die Umwelt betrachtet, so muß der Mensch, der einem anderen gegenübertritt, versuchen, sich in ihn hineinzuversetzen, um durch dessen Augen einen Blick auf sein Gegenüber zu tun. Wer das nicht fertigbringt, sich von sich selbst zu befreien, und nicht mit eigenen Augen, sondern durch die eines anderen zu schauen, wird auch nicht fähig sein, sich in die Lage eines anderen zu versetzen.

Besitzt ein Zeitnehmer aber diese Fähigkeit, so weiß er auch, daß mancher Arbeiter einfach nicht arbeiten kann, wenn ein anderer dabeisteht und ihm zusieht. Soll man deshalb einfach auf eine Zeitaufnahme verzichten oder ihn von ferne, »heimlich« beobachten?

Nun, einige Beispiele mögen zeigen, wie der Zeitnehmer mit einem sogenannten »glatten Fall«, andererseits mit »Befangenheit«, Ungewohntsein der Zeitstudien oder sogar mit Widerstand gegen die Zeitaufnahme fertig werden kann.

Im ersten Fall bietet der Zeitnehmer dem Arbeiter »Guten Tag« und sagt: »Herr X, diese Arbeit, die Sie jetzt machen, möchte ich mir gerne genau ansehen. Bitte, machen Sie einmal den ganzen Arbeitsvorgang durch, ich sehe bloß zu; wenn mir etwas auffällt, dann sage ich es Ihnen, und wenn Sie etwas dazu zu sagen haben, dann tun Sie es bitte.« Nach dem ersten Abschnitt sagt man gegebenenfalls: »Haben Sie schon einmal probiert, den Arbeitsgang nicht s o , sondern s o zu machen? Ich hätte gerne, daß Sie es einmal versuchen, auch wenn es anfangs noch nicht so klappt.« — Hat man nun eine bestimmte Methode festgelegt, so fährt man fort: »Nun möchte ich von dieser Art eine Zeitaufnahme machen. Machen Sie bitte mal 5 Stück (oder 50 Stück) hintereinander, ohne etwas zu ändern. Wenn Sie es für nötig halten, können Sie mir ja nachher andere Vorschläge machen.« — Ist das Pensum erledigt, dann soll man nicht vergessen, ihm zu sagen, daß man ihm jetzt natürlich noch nicht ausrechnen könne, wie hoch der Akkord sei, dazu benötige man noch mehrere Unterlagen, vor allem müsse die »beste« Methode festgestellt werden, aber er könne später erfahren, wie die heutige Aufnahme Verwendung gefunden habe. Mit einem freundlichen Wort verabschiedet man sich von ihm. — Das war ein sogenannter »glatter Fall«.

Nehmen wir jetzt eine Arbeit, an der bisher noch nie eine Zeitstudie vorgenommen wurde. Auch der Arbeiter selbst sei noch nie »gestoppt« worden, doch dürfen wir auf Grund seiner Allgemeinbeurteilung annehmen, daß er nicht direkten Widerstand leisten wird, sondern nur »befangen« ist. Es wäre nicht klug, besonders bei ganz neu zu untersuchenden Arbeiten, darauf zu verzichten, sich mit dem Meister vorher darüber zu unterhalten; das sollte in jedem Fall geschehen, bei Erstaufnahmen sollte auch mit dem Betriebsrat gesprochen werden.

Beim Arbeiter müssen wir damit rechnen, daß er aufgeregt ist, wenn es uns nicht gelingt, ihm die Befangenheit zu nehmen. Das soll aber nicht durch »Brei um den Mund schmieren« geschehen, sondern mit ruhiger Selbstverständlichkeit. Wir sagen ihm, daß wir von der Arbeit, die er macht, mehrere Zeitaufnahmen machen möchten, um den Verlauf der Arbeit zu studieren. Und nun soll er mal denken, der Beobachter sei gar nicht da. »Ich bleibe zwar dabei, aber gucke nur zu, weil ich damit rechne, daß Sie jetzt noch etwas nervös sind. Wenn also Fehler vorkommen, so macht das nichts, ich weiß, daß Ihnen das sonst nicht oft passiert.«

Zwischendrein wird man wohl manchmal ein beruhigendes Wort einwerfen müssen, etwa: »Sie brauchen gar nicht so schnell zu arbeiten! Machen Sie es so, wie Sie es den ganzen Tag durch aushalten können.« Man läßt sich die Zeichnung zeigen, die Toleranzen erklären, fragt, ob er früher schon einmal ähnliche Arbeiten gemacht habe, alles mit dem Ziel, den Kontakt mit ihm herzustellen. Hat man den Eindruck, daß das gelungen ist, darf man auch schweigen. Man merke sich: Wenn man eine Arbeit oder einzelne Griffe mit Recht loben kann, so soll man es tun. Tadel möglichst zurückhalten oder ihn in nicht verletzende Form kleiden. Keinesfalls ungeduldig werden! Vor allem aber nicht loben, wenn nichts lobenswert ist! Im äußersten Fall ist der Versuch abzubrechen, aber so, daß der Betreffende keine Minderwertigkeitsgefühle bekommt. Zum Beispiel sagt man: »Nun, heute wollte ich nur mal zusehen, vielleicht komme ich morgen wieder, und dann wollen wir mal sehen, ob wir eine Untersuchung durchführen können«.

Auf keinen Fall darf man etwas erzwingen wollen! Die Befangenheit zu nehmen ist so wichtig, daß man viel Zeit und viel Mühe darauf verwenden soll. Um so erstaunlicher ist es, daß so selten Wert darauf gelegt wird. Dabei handelt es sich ja nicht nur darum, mit dem Arbeiter für die Dauer der Untersuchung in Kontakt zu kommen, nein, das wirkt sich noch lange Zeit später aus, und nicht nur bei ihm, sondern bei seinen Kameraden und bei anderen Arbeiten.

Nehmen wir noch ein drittes Beispiel: Diesmal soll ein Arbeiter gewählt werden, bei dem sich herausstellt, daß er in raffinierter Weise versucht, längere Zeiten herauszuarbeiten. Schon bei der Begrüßung finden wir wenig Entgegenkommen. Ironisch fragt er, ob ich die Arbeit nicht selbst tun wolle, dann könne er mich ja mal stoppen. Ich sage ihm: »Wenn Sie glauben, daß jeder Ihre Arbeit selbst können muß, um sie zu beurteilen, dann dürfen Sie auch nur über die

Arbeiten urteilen, die Sie selbst können. Wenn Sie aber Dreher sind, werden Sie doch sagen können, ob ein Anzug gut sitzt, ohne daß Sie selbst einen machen können. Im übrigen will ich ja Ihre Arbeit nicht kritisieren, sondern einfach mit Ihnen zusammen feststellen, ob sie auch zweckmäßig ausgeführt wird. Ich bitte Sie also, mir zuerst die Arbeit mal vorzumachen, so wie Sie sie machen, wenn ich nicht dabei bin, und so, wie Sie sie den ganzen Tag tun würden, um dabei Ihren Lohn zu verdienen.«

Ich beobachte dann, wie der Arbeiter zwar recht schnell und in seinen Bewegungen geschickt arbeitet, aber bei jedem Messen nicht nur, wie vorgeschrieben, die Drehbank stillsetzt, sondern das Werkstück jedesmal ausspannt, mißt und wieder einspannt. Auch stelle ich fest, daß er beim Gewindeschneiden das Vorgelege betätigt, dann zum Überdrehen wieder einen anderen Gang einschaltet und zum Bohren ebenfalls.

Zum Schluß sage ich zu ihm: »Herr X, ich bin Ihnen nicht böse, wenn Sie versuchen, die Gesamtzeit zu verlängern; das könnte man als Ihr gutes Recht ansehen, wenn Sie sicher sein dürfen, daß der Zeitnehmer genug Fachmann ist, um das zu erkennen. Aber ich möchte Sie fragen, was Sie von mir denken würden, wenn Sie der Meister wären und ich der Dreher, und Sie sähen, wie ich zum Messen jedesmal das Werkstück ausspanne oder dreimal hintereinander die Vorschubgeschwindigkeit ändere. Ich nehme an, daß Sie das als Meister nicht dulden würden!«

Müssen wir nicht zugeben, daß dies eine Art ist, um der Schwierigkeiten Herr zu werden? Ich beleidige ihn nicht, ich fordere seinen Widerspruch nicht heraus, ich demütige ihn nicht, und doch lasse ich mich nicht für dumm verkaufen. Ich kann mir denken, daß er jetzt — ohne einen Ton zu verlieren — den Arbeitsvorgang noch einmal macht, diesmal korrekt! Das war das Entscheidende! Nicht beleidigen, nicht demütigen, und doch nicht nachgeben, aber mit Geduld und ohne Triumph.

Wir müssen wissen, daß fast jeder Mensch, den man auf einen Fehler aufmerksam macht, als erste Reaktion geneigt ist, seinen Fehler zu beschönigen oder zu verteidigen, und zwar um so mehr, je tiefer er sich getroffen fühlt. Dann geht es nämlich gar nicht mehr um die Fehler, sondern um die »Ehre«. Die Kunst der Behandlung liegt darin, ihm den Fehler zu zeigen, ohne ihn in seiner Ehre zu kränken.

5.8 Es empfiehlt sich für den Zeitnehmer die Regel, niemals moralisch Stellung zu nehmen, sondern eine kühle, naturwissenschaftliche Betrachtung der Dinge einzuhalten

Diesen Rat möchte ich dem Zeitnehmer »einhämmern«.

Es ist unverkennbar, daß man dennoch vielfach Moralisieren findet. Man »wertet« die Arbeitskräfte nach ihren Arbeitscharakteren, selbstverständlich nach den Faktoren fleißig und faul, willig und obstinat.

Die Wissenschaft aber soll sich von der moralisierenden Beurteilung freimachen und möglichst objektiv mit Leistungsbegriffen arbeiten. Meiner Ansicht nach dürfen wir nicht moralisch werten. Der Arbeitscharakter an sich ist eine Privatsache. Wer faul sein will, soll dies ruhig sein dürfen; ihn darum für einen schlechteren Menschen zu halten, haben wir gar kein Recht. Wir haben nur Veranlassung, ihn geringer zu bezahlen, beziehungsweise ihn nicht zu behalten oder ihn nicht an eine bestimmte Stelle zu setzen.

Es ist nach meiner Erfahrung recht schwer, gerade den Ingenieuren klarzumachen, daß zwischen einer moralisierenden Beurteilung des Menschen und einer rein naturwissenschaftlichen ein sehr großer Unterschied besteht, und deswegen mögen noch Erläuterungen beigefügt sein.

Erweist sich, daß ein Arbeiter krank ist, so werde ich ihn eventuell nur aus Betriebsinteresse für eine bestimmte Stelle nicht verwenden. Ich halte ihn aber dafür nicht für einen schlechten Arbeiter im moralischen Sinne, sondern kann sogar bedauern, daß mir der Zwang zur Rentabilität nicht gestattet, ihm in seinem Interesse eine bestimmte Arbeit zuzuweisen. *Als individuelle Unvollkommenheit »genauso wie eine Krankheit« soll man auch diejenigen Faktoren behandeln, die wir, wie Mangel an Sorgfalt, Unaufmerksamkeit, Faulheit, Interesselosigkeit und so weiter, moralisch zu werten gewohnt sind.* Es hat natürlich keinen Sinn, hier die Frage der »Freiheit des Willens« anzuschneiden. Jedenfalls aber kommt man in betriebswissenschaftlicher Hinsicht weiter, wenn man die deterministische Lehre, »daß kein Mensch für seinen Charakter kann«, zugrunde legt. Genauso objektiv und kühl, wie man feststellt, daß für einen bestimmten Zweck Gußeisen wegen zu geringer Festigkeit unverwendbar ist, kann man feststellen, daß der Arbeiter zu schwache Muskulatur hat, oder auch, daß er einen zu »schwachen Charakter« hat. Das Wesentliche ist, daß man bei der naturwissenschaftlichen Betrachtungsweise des Menschen einen »Sachverhalt« feststellt, statt wie bei der moralisierenden, eine gefühlsmäßige Gegenstellung einzunehmen. Das ist ganz besonders deshalb wichtig, weil uns die Psychologie in zunehmender Weise die »Festigkeit« von Charakterveranlagungen lehrt und infolgedessen die Unmöglichkeit, beziehungsweise den nur geringen Erfolg von Maßnahmen, die auf Änderung des Charakterverhaltens hinzielen.

Es gibt viele Ingenieure, die glauben, große Erfolge zu haben, wenn sie einmal dem Arbeiter »den Kopf zurechtsetzen«. Das führt doch nur ganz ausnahmsweise zu einem Erfolg. Der höchste Erfolg ist der, daß etwa unmittelbar nach einem gehörigen »Anschnauzer« eine Besserung zu beobachten ist. Aber daß auf die Dauer damit Änderungen erzeugt werden, dürfte zu den größten Seltenheiten gehören.

Folge solch naturwissenschaftlicher Einstellung sollte starke Zurückhaltung beim In-Beziehung-treten im korrigierenden Sinne sein. Wer sich von vornherein zum Grundsatz gemacht hat, schlechtes Arbeitsverhalten nur rein feststellend zu werten, das heißt, daraus nur die Konsequenzen für die Arbeitszuteilung zu ziehen, aber im übrigen die neutrale wohlwollende Freundlichkeit, die den Menschenverkehr so sehr erleichtert, beizubehalten, kommt zweifellos weiter.

Jeder, der größere Betriebserfahrungen hat, weiß doch, daß sich im allgemeinen diejenigen Vorgesetzten, deren Verhältnis zum Menschen »kaltschnäuzig« ist, aber im ganzen Umgang die gewisse »wohlwollende Freundlichkeit mit jedermann« wahrt, recht großer Beliebtheit erfreuen. Während umgekehrt etwa die Choleriker mit dem »goldenen Herzen« und dem »rauhen, aber herzlichen Ton« gerade infolge ihrer moralisierenden Einstellung und affektbeladenen Verkehrsformen dauernd Konflikte haben und oft unbeliebt sind.

Man soll sich also zur Regel machen, sowohl bei Arbeits- und Zeitstudien wie bei Arbeitsrationalisierung allerhöchstens dann in eine moralisierend wertende Beziehung zum Arbeiter zu treten, wenn es sich um die Verteidigung der Autorität handelt, etwa bei offensichtlicher Frechheit eines einzelnen, die von den umstehenden Arbeitskameraden beifällig begrinst wird. Ich glaube aber, daß Gelegenheiten dieser Art zu den Seltenheiten gehören dürften, und daß man durch richtiges Verhalten meist vermeiden kann, in solche Situationen zu kommen.

5.9 Es ist eine menschliche Eigenschaft, daß dann, wenn man sich einmal in eine Sache vertieft hat, die Tendenz zu weiterer Vertiefung besteht, wobei aber die Gefahr des »fallenden Wirkungsgrades« akut wird

Das Gesetz vom fallenden Wirkungsgrad ist ja bekannt, das heißt, je mehr man sich dem Optimum des Wirkungsgrades nähert, ein um so größerer Aufwand an Zeit, Mühe, Material und so weiter ist nötig. Das ist streng genommen kein Gesetz, sondern eine Regel, die beim Rationalisieren überwiegend gilt.

Rein äußerlich scheint es so, als ob es eine positive Leistung sei, daß ein Mensch dazu neigt, eine Arbeit immer mehr zu verbessern, wenn er sich einmal darangesetzt hat, und stets unzufrieden mit dem Erreichten nach Verbesserung in der Zukunft zu streben. Und doch zeigt sich hier ein Verhalten, das man auch als Schwäche interpretieren kann, nämlich die U n f ä h i g k e i t d e s S i c h l o s r e i ß e n s .

Jeder weiß, daß nur die Unfähigkeit, nach Hause zu gehen, in erster Linie die Alkoholsitzungen über das Stadium des Genußreichen hinaus verlängert. Es handelt sich hier um ein allgemeines seelisches Gesetz. Hat man sich erst einmal auf eine Aufgabe eingestellt und ist man in dieser Aufgabe heimisch geworden, so gehört eben jetzt genauso, wie seinerzeit ein ausdrücklicher Willensentschluß dazu gehörte, sie anzufangen, ein ausdrücklicher Willensentschluß dazu, sie zu beenden.

Das Gesetz gilt sogar dann, wenn man die Arbeit leid geworden ist. Ich habe sehr häufig bei meinen Monotonieversuchen feststellen können, daß Versuchspersonen die Aufforderung »aufhören« einfach nicht befolgten, sondern weiterarbeiteten, obwohl sie die Arbeit gar nicht einmal gern getan hatten. Sie waren eben in Schuß gekommen und konnten nicht mehr bremsen.

Diese Gefahr tritt beim Zeitnehmer in der Form auf, daß er sich in einen bestimmten Arbeitsplatz »verliebt« und unbedingt auf das Optimum losgehen will. Immer wieder neu beschäftigt er sich mit »seinem« Arbeitsplatz und immer wieder gibt es ja auch Verbesserungen.

Der Zeitnehmer muß sich dann klarmachen, daß er in derselben Zeit mehr erreicht, wenn er drei Arbeitsplätze »im Groben« rationalisiert, als wenn er nur an einem Arbeits-

platz bis in die letzte Feinheit geht; das Bessere kann auch hier zum Feind des Guten werden! (Siehe Kapitel 1.7).

Das heißt, daß man — geht man bei einem Betrieb allgemein auf den Wirkungsgrad — die Intensität der einzelnen Arbeitsplatz-Rationalisierung auch vernachlässigen können muß. Es ist klar, daß diese Gefahr ganz besonders groß für die wissenschaftlich eingestellten Rationalisierungs-Ingenieure ist. Denn es liegt im Geiste wahrer Wissenschaftlichkeit, eine gestellte Aufgabe mit möglichster Vollkommenheit zu lösen. Aber man muß wissen, daß es sich hier um eine unangebrachte Tugend handeln kann, da die Praxis die größere Rentabilität vorziehen wird. Es ist unverkennbar, daß es in erster Linie dieses Gesetz vom fallenden Wirkungsgrad ist, das den Praktiker so häufig zu einer antiwissenschaftlichen Stellungnahme veranlaßt, da er ja viel weniger das Wissenschaftliche angreift, als Skepsis in bezug auf die Größe seines praktischen Nutzens zeigt.

Handelt es sich um die Notwendigkeit, möglichst rasch Einsparungen herbeizuführen, so empfiehlt sich zunächst die Brutto-Zeitaufnahme, indem man als einzigen Gesichtspunkt die zeitliche Ausnutzung voranstellt und dann nur diejenigen Arbeitsplätze verbessert, die die erheblichsten Minderleistungen zeigen.

6 Die Analyse der Arbeit und des Arbeitsplatzes

6.1 Der Zeitnehmer muß die Unvollkommenheit des Stoppens kennen; daher ist die schaubildliche Zeitaufnahme psychologisch und praktisch notwendig

Um es vorwegzunehmen: Über die Technik des Stoppens genauere und breitere Ausführungen zu machen, halte ich für überflüssig, weil uns in den schaubildlichen Methoden weitaus bessere Verfahren der Zeitermittlung zur Verfügung stehen, die die Unvollkommenheiten des Stoppuhrenverfahrens großenteils beseitigen[37].

Das Ergebnis der Arbeiten, besonders aus der Moedeschen Schule, die uns die ungemein große Fehlerquelle des Stoppuhrenverfahrens gezeigt haben, halte ich daher für das Handhaben der Stoppuhren für weniger wichtig; sie sind in erster Linie eine endgültige Verurteilung des Verfahrens überhaupt[38].

Abgesehen von dem Umstand, daß, wie Stichproben zeigen, sehr viele Stoppuhren falsch beziehungsweise unregelmäßig gehen, daß sie häufig in der Skaleneinteilung und so weiter nicht in Ordnung sind, liegen die Fehlerquellen, selbst bei der besten Stoppuhr, im Verfahren selbst.

Es ist sonderbar, daß man das Prinzip des analytischen Zeitstudiums auf die Stoppuhr selbst erst so spät angewandt hat. Bei der Stoppuhr ergibt sich die prinzipielle Schwierigkeit, daß die in der Skala angegebene Ablesegenauigkeit zu der wirklichen Genauigkeit in Widerspruch steht. Nehmen wir nur den Fall der Reaktionszeit: Ehe auf einen Eindruck hin

---

37 Vergleiche hierzu: Poppelreuter, Zeitstudie und Betriebsüberwachung im Arbeitsschaubild. Oldenbourg 1929, Oberhoff, a.a.O., S. [90].

38 *Der Bearbeiter:* Diese scharfe Kritik ist Poppelreuter als dem Erfinder der Arbeitsschauuhr zugute zu halten; in dieser Form teilen wir seine Schlußfolgerungen nicht, obwohl nur das Schaubild eine echte Möglichkeit für eine Diskussion über den Arbeitsablauf, den Leistungsgrad, den Grad zeitlicher Beanspruchung, für Überlappungseinflüsse, für Ursachen, für die Streuung der Leistungen und anderes bietet.

der Zeiger gestoppt werden kann, vergeht eine meßbare Zeit, welche zum mindesten als Schwankungen von $\pm$ $^1/_5$ Sekunde angesetzt werden kann. Bei der $^1/_5$ Sekundenuhr ist also eine Ungenauigkeit von etwa 20 Prozent beim Zeitmaß von einer Sekunde das übliche. Ferner zeigen die meisten Uhren parallaktische Ungenauigkeiten, insofern der Zeiger sich räumlich über der Skala bewegt und dann, je nachdem wie man die Uhr beim Ablesen hält, bis zu $^2/_5$, $^3/_5$ Sekunden Differenzen entstehen. Es ist daher eine auf $^1/_5$ Sekunde lautende Ablesung einfach Unsinn, und es ist sonderbar, daß sie auch heute noch im Sport bei Rekorden Bedeutung hat.

Faßt man alle wissenschaftlichen Unterlagen zu Regeln zusammen, so können sie nur lauten:

1. Bei Gebrauch der von Hand bedienten Stoppuhr sind »genau« nur Ablesungen auf $^1/_{100}$ Minute, wobei mindestens mit einem Fehler von $\pm$ $^1/_{100}$ Minute gerechnet werden muß.

2. Mit Ablese- und Schreibfehlern ist selbst bei geübten Zeitnehmern zu rechnen.

Man kann im allgemeinen damit rechnen, daß für das Anhalten des Zeigers und für das Niederschreiben der Zeit 3 bis 4 Sekunden gebraucht werden. Während dieser Zeit ist der Blick des Zeitnehmers auf Uhr und Papier gerichtet und geht der Beobachtung verloren. Durch Übung, ohne Blickhinwendung zu notieren, läßt sich dieser Fehler nur vermindern.

Ich habe wiederholt »Zeitstudien von Zeitstudien« vorgenommen, das heißt, ermittelt, wie lange der Zeitnehmer seine Augen auf die Uhr und auf das Notizblatt, und wie lange er sie auf den Arbeitsprozeß richtete. Das Ergebnis ist einwandfrei so, daß man bei schwierigen Zeitaufnahmen, das heißt, bei Zeitermittlungen etwa in Sekunden, beim Stoppuhrenverfahren, dazu gezwungen ist, die längste Zeit über das Arbeiten nicht zu beobachten, was doch einigermaßen widersinnig ist.

Ich erblicke das Fehlerhafte des Stoppuhrenverfahrens viel weniger in den Ungenauigkeiten und Fehlern der Bedienung und des Ablesens, als in der Aufmerksamkeitsablenkung des Zeitnehmers und in der mangelnden Anschaulichkeit von Zahlenreihen.

In steigendem Umfang tritt daher gerade in den letzten Jahren das Schaubild aus der Wissenschaft auch in die Praxis, sogar in die des täglichen Lebens. Es ist uns jetzt schon geläufig, in den Zeitungen nicht nur Schaubilder zu finden, in denen Kurvenänderungen das Steigen der Konkurse, das Ansteigen der Passivität unserer Handelsbilanz, sondern auch die Vergrößerung des Absatzes an Zigaretten und so weiter anschaulich zeigen. Es ist zu erwarten, daß die schaubildliche Darstellungsweise bald jedem Schuljungen geläufig sein wird.

Der Sieg des Schaubildes begründet sich in dem psychologischen Umstand, daß der Mensch die Gesetzmäßigkeit von Zahlenreihen nur sukzessiv (ein Element nach dem anderen) und unvollkommen zu erfassen vermag, während ihm das geometrische Bild »simultan« (gleichzeitig in einem Blick) und einleuchtend die Gesetzmäßigkeiten zeigt.

Daß auch bei der Zeitaufnahme das Bedürfnis nach schaubildlicher Darstellung sehr groß geworden ist, sieht man aus der Literatur, die immer mehr anstelle von Zahlentabellen schaubildliche Darstellungen wählt oder jedenfalls wählen sollte.

Ich habe schon 1916 daraus die Konsequenz gezogen, daß auch die Zeitaufnahme n u r   d a n n   o p t i m a l   s e i, wenn man schon von vornherein n i c h t a u f d i e Z a h l, sondern auf das S c h a u b i l d losgehe.

Nur durch die schaubildliche Zeitaufnahme, bei welcher der Zeitnehmer die beobachteten Zeiten nicht mehr stoppt, sondern durch passendes Bedienen einer Arbeitsschauuhr als charakteristische Flächendiagramme aufschreibt, lassen sich Fehler des Stoppens beseitigen.

Die schaubildliche Betriebskontrolle, bei der länger dauernde Arbeitsvorgänge durch mechanische oder elektrische Übertragung als charakteristische Arbeitsschaubilder aufgezeichnet werden, setzt uns in den Stand, die menschliche Schwäche, größere zeitliche Zusammenhänge nicht richtig überblicken zu können, auszugleichen.

6.2 Bei jeder für die Zeitstudie herangezogenen Arbeit muß der Arbeitsstudienmann die »Typen-Diagnose« stellen

Schon im Vorangehenden wurde wiederholt darauf hingewiesen, daß die Arbeitsleistungen der Menschen sich nicht so sehr zeitlich, sondern vor allem nach der »Typenqualität« unterscheiden. Das heißt psychologisch gesprochen, daß es sich jedesmal, wenngleich sie objektiv dieselbe Arbeit betreffen, um ganz andere Ausführungsformen handelt. Wir sahen, daß selbst einfachste Aufgaben, wie ein Quadrat aus einem Stück Papier herauszuschneiden, das Einspannen eines Werkzeuges, das Bohren eines Loches und so weiter, in der verschiedensten Weise ausgeführt werden. Die praktisch wichtige Konsequenz ist folgende: Der Zeitnehmer muß in der Lage sein, die jeweils studierte Arbeit derart typologisch zu erfassen, daß die typologische Beziehung zum Individuum daraus ohne weiteres hervorgeht. Dies läßt sich wohl am besten durch kurze, schematische Beispiele zeigen: Es heißt eben nicht »Bohren eines Loches«, sondern:

1. Handelt es sich darum, daß eine Arbeiterin an der Bohrmaschine, die sie selber nicht einstellt, mit Zwangsführung des Bohrers hintereinander in Massenartikel Löcher bohrt, so ist das eine »einfache Hantierung ohne jede Präzision«, bei der nur Schnelligkeit erforderlich ist.

2. Handelt es sich um das Bohren von Löchern, die angekörnt sind, so haben wir eine Arbeit mit »mäßiger Präzisionserfordernis«, bei der die Schnelligkeit aber immer noch sehr ausschlaggebend ist.

3. Handelt es sich aber um Anreißen, Körnen und Bohren im handwerklich feinmechanischen Sinn, so haben wir eine »Präzisionsarbeit« vor uns, die in jedem Falle auf Kosten der Zeit exakt ausgeführt werden muß.

4. Handelt es sich etwa um Bohren mit Armvorschub, so kommt eine »statische Muskelarbeit« in Frage, die in unmittelbarer Beziehung zur Körperkraft steht, da das Bohren des Loches um so schneller geschieht, je stärker der Arbeiter am Armhebel drückt oder zieht.

Ferner kann diese Arbeit nur vorübergehend, sie kann aber auch dauernd, monoton, sein. Deshalb muß auch diese Beziehung in der Arbeitsbeschreibung enthalten sein.

Ist eine Arbeit in guter Weise kategorial bestimmt, so kann man die typologische Konsequenz eigentlich ohne Mühe ziehen, ja, sie erscheint als Selbstverständlichkeit.

Macht man nun Zeitstudien, so wird man sich schon vorher bei der Auswahl der Individuen von typologischen Gesichtspunkten leiten lassen, man hat aber erst hinterher Richtlinien dafür, wie der an einem oder mehreren Individuen gewonnene Zeitwert sich verallgemeinern läßt.

6.3 Bei jeder Arbeit ist das »adäquate Tempo« zu berücksichtigen

Es ist notwendig, daß der Arbeitsstudienmann sich bei jeder von ihm gerade untersuchten Arbeitsleistung über das jeweilige »adäquate Tempo« — das Tempo, welches den Umständen der Arbeit angepaßt ist — Klarheit verschafft.

Es wäre sinnlos, wenn jemand ein halbgefülltes Glas Wasser von der rechten Hälfte des Tisches auf die linke stellt mit derselben Langsamkeit und Präzision, wie er es tun müßte, wenn dieses Glas bis an den Rand gefüllt wäre.

Es wäre sinnlos, wenn eine Stanzerin bei einer Maschine mit Handvorschub das Blech mit einer so genauen Präzision vorschieben würde, daß etwa die Zwischenstücke alle nur genau 1 mm breit wären; sie würde dann, um dieser Aufgabe zu genügen, jedenfalls nur sehr langsam arbeiten können. Es wäre ebenso sinnlos, wenn beim Befeilen grober Teile der Massenfabrikation dieselbe Sorgsamkeit aufgewendet würde, wie es bei der Fertigung einer Rachenlehre der Fall wäre.

Präzision ist nicht in jedem Falle ein Vorzug, sondern sie soll nur da angewendet werden, wo es notwendig ist. Es wäre ebenso sinnlos, einen sehr guten Werkzeugmacher, dem das präzise Arbeiten zur zweiten Natur geworden ist, an Arbeitsverrichtungen zu stellen, bei denen diese gewohnheitsmäßige langsame Präzision nur Geld kostet, wie einen Schnellen und Unsorgsamen eine Präzisionsarbeit tun zu lassen.

So selbstverständlich diese Dinge sind, in der Praxis werden sie häufig viel zu wenig beachtet.

»Adäquates Tempo« heißt eigentlich »adäquate Arbeitsweise«. Das heißt, es soll zwischen zwei Extremen gerade der Punkt gefunden werden, wo ein Maximum an Schnelligkeit sich mit dem erforderlichen Präzisionsgrad verbindet.

Die Vernachlässigung dieses Faktors beruht nicht zum wenigsten auf der großen Schwierigkeit, adäquates Tempo in jedem Falle festzusetzen, und daher unterläßt man es zumeist.

Hier hilft nur die ausdrückliche Ermittlung und Standardisierung einer bestimmten Arbeitsweise, die dem Arbeiter nur im planmäßigen Anlernen nahegebracht werden kann. Arbeitet der Arbeiter zu schnell und ungenau, so wird er zur Genauigkeit auf Kosten der Zeit beeinflußt. Arbeitet er aber zu genau und langsam, so wird er darauf aufmerksam gemacht, daß er mehr fertigbringen müsse und die Fehler nicht so kritisch betrachten dürfe.

Es bedarf keiner Erläuterung, daß es obligatorisch sein muß, daß der Zeitnehmer bei der Zeitaufnahme einen Vermerk einträgt, ob eine bestimmte Arbeit, die er zeitet, in adäquatem Tempo ausgeführt worden ist oder nicht, beziehungsweise zu schnell oder zu langsam, mit zu wenig oder zu viel Präzision. Erst dann bekommt der Zeitwert seinen Sinn; denn es ist sinnlos, eine sehr kurze Zeit als Norm zu setzen, die das erforderliche Maß von Präzision nicht zuläßt und auch ebenso unwirtschaftlich, eine Arbeit auf Kosten der Zeit präziser auszuführen als notwendig ist, das heißt, einen zu großen Zeitwert einzusetzen.

6.4 Urteilsmaßstäbe in bezug auf die Qualität von Arbeiten sind ausdrücklich festzulegen

Eine weitere praktische Konsequenz der Erkenntnis von Beziehungen zwischen Exaktheit und Schnelligkeit ist das ausdrückliche Festlegen von Qualitätsmaßstäben beziehungsweise von Fehlern.

In einer großen Schraubenfabrik ließen wir hintereinander etwa zehn Menschen aus unsortierten Schrauben die »fehlerhaften« Stücke aussortieren, und zwar verwandten wir dazu stets dasselbe Material, das heißt, wir legten die aussortierten Schrauben wieder in den Kasten zurück. Es war auf diese Weise also möglich, den »individuellen Urteilsmaßstab« zu ermitteln.

Das Ergebnis war auch für die Leitung des Betriebes überraschend. Man kann ungefähr sagen, daß beinahe jeder einen anderen Maßstab an die Güte der Schrauben legte. Am kritischsten war, wie ja wohl verständlich, der höchste Vorgesetzte, der schon jahrelang mit Energie und großem Erfolg auf die Verbesserung der Qualität hinwirkte. Es folgten dann die Ingenieure, die mehr oder weniger von ihrem Chef beeinflußt waren, dann die Meister und zuletzt die Arbeiterinnen. Die Differenzen zeigten von 30 bis 5 Prozent »Fehlerhafte«. Es ist klar, daß dem nur abgeholfen werden konnte durch das ausdrückliche Festlegen einer Musterkarte: »Diese und diese so beschaffenen Schrauben sind auszusortieren.«

Das wurde anerkannt und zunächst eine Fehlersammlung angelegt. Künftig soll beim Anlernen so vorgegangen werden, daß jedem Mädchen die Mustersammlung gezeigt wird: »Diese Schrauben sind fehlerhaft, die müssen Sie auslesen; diese Schrauben sind gut; jene Schrauben haben zwar Mängel, können aber, da sie nur Schönheitsfehler haben, verkauft werden.« Es ist sicher, daß von dieser Maßnahme ein großer wirtschaftlicher Gewinn zu erwarten ist.

Vorläufig vermißt man solche »Fehlersammlungen« noch in den meisten Betrieben, obwohl es doch so einfach ist, sie anzulegen. Systematische Änderungen des Fehlerstandards sind erst recht selten.

Als ungemein fruchtbar erwies sich in einem großen Textilkonzern die auf meine Veranlassung hergestellte Sammlung von Webfehlern, die allgemein sichtbar aufgehängt wurde.

6.5 Die Schematisierung des kürzesten Weges ist durchaus nicht gerechtfertigt

Besonders unter dem Einfluß von Gilbreth hat sich in die Betriebswissenschaft das Prinzip eingeschlichen, bei Bewegungsstudien auf die Innehaltung des kürzesten Weges zu achten. Man verwandte die von dem Physiologen Marey stammende Lichtpunktaufnahme. An der Hand, am Körper oder am Werkzeug wird eine Glühlampe angebracht und diese auf eine ruhende photographische Platte photographiert.

Von dieser Methode ist in Vorträgen sehr viel die Rede, in der Praxis findet man sie kaum. Ich habe die Methode selbst angewandt und kann nur sagen, daß sich ihr Gewinn wohl nur auf ganz gelegentliche Einzelfälle beschränken dürfte, die zu speziell sind, als daß wir es nötig haben, sie hier genauer zu behandeln[39].

Ich erwähne das Beispiel des Briefstempelns, das immer wie-

---

39 *Der Bearbeiter:* Seither ist die Filmtechnik bei Bewegungsstudien zu einer Vollendung entwickelt, die die damaligen Stehbilder ganz in den Hintergrund gedrängt hat. Es soll aber auch nicht versäumt werden, auf das heute schon recht weit verbreitete Bewegungsstudium hinzuweisen, das den »Systemen vorbestimmter Zeiten« (MTM, WF und anderen) zugrundeliegt.

der gebracht wird. Läßt man jemand die Briefe mit der Hand stempeln, so kann man an der Lichtspur sehen, daß der Weg allmählich kürzer, das heißt der Bogen flacher wird. Physikalisch ist es natürlich naheliegend, den geometrisch kürzesten Weg auch als den zeitlich kürzesten und auch als den physiologisch mühelosesten anzusehen. Und doch ist das nur sehr beschränkt richtig. Nehmen wir an, es soll ein Gegenstand von einem Punkt A des Tisches auf den Punkt B gelegt werden. Der kürzeste Weg ist zweifellos die Gerade beziehungsweise eine Kurve, die nur wenige Millimeter über der Tischfläche liegt. Macht man diesen Versuch, so zeigt sich sofort, daß es gar nicht möglich ist, einen Gegenstand in dieser optimalen Kurve zu bewegen, beziehungsweise daß, wenn die Kurve ganz flach wird, eine ganz andere Art der Hantierung nötig ist, nämlich eine Präzisionshantierung, die dann selbstverständlich mehr Zeit braucht und auch, weil mit gebremster Muskulatur gearbeitet wird, weitaus ermüdender ist.

Ich habe folgenden Versuch angestellt: Zwei Kisten mit Klötzchen standen nebeneinander. Die Klötze der rechten Kiste sollten eines nach dem anderen in die linke gelegt werden. Physikalisch schien es, als ob die Aufgabe dann möglichst schnell erledigt würde, wenn die beiden Kisten nahe beieinander stehen, und doch zeigte es sich, daß dies nicht der Fall war. Die Klötze konnten rascher umgelegt werden, wenn die Kisten eine Entfernung von ungefähr 30 cm voneinander hatten, weil das einer bequemen Armhantierung entsprach, die nicht durch die Enge gebremst wurde. Ganz gesetzlich erfolgen Bewegungen um so schneller und müheloser, je mehr sie nach dem Schleuderprinzip ausgeführt werden können, was mit der Eigenart des Muskels zusammenhängt, das Optimum an Arbeitsleistungen herzugeben, wenn er schleudern kann[40].

Wie falsch das Prinzip des kürzesten Weges sein kann, ergibt sich aus den Erfahrungen des Stenographierens, worüber ich von früher her aus stenographischen Parlamentsbüros Erfahrungen habe. Sieht man sich äußerlich Stenogramme von Leuten an, die man kennt, so kann man meist feststellen, daß der Redner wahrscheinlich um so schneller gesprochen hat, je auseinandergezogener die Schriftzeichen

---

40 Auf die tieferen physiologischen Erörterungen kann ich hier nicht eingehen.

sind; das heißt, je schneller stenographiert wird, desto relativ größere Wege werden zurückgelegt.

Was beim Stenographieren der Fall ist, finden wir zum Beispiel auch bei der Packarbeit. Im besonderen kann man sich von dieser Tatsache bei meiner Durchflechteprüfung[41] überzeugen, wo die Bewegungen zum Durchziehen der Papierstreifen — innerhalb bestimmter Grenzen — um so größer ausfallen, mit je größerer Eile gearbeitet wird. Andererseits stellen sich natürlich oft mit der Tendenz zur Eile auch unzweckmäßig größere Wege ein. Verallgemeinerungen sind in beiden Fällen unangebracht. *Die Sachlage liegt so, daß man niemals prinzipiell sagen kann, welche Arbeitsbewegungen am ökonomischsten sind, und daß hier alles auf den Versuch ankommt.*

Man muß sich streng davor hüten, einen Arbeitsplatz etwa nach dem Prinzip des kürzesten Weges schematisch zu rationalisieren beziehungsweise in der Verkürzung von Arbeitswegen schon einen Zeitgewinn und eine Erleichterung zu vermuten.

6.6 Das künstliche Bremsen des Arbeitstempos wird von der Praxis oft falsch beurteilt

Es entspricht einer allgemeinen und ernsthaften Sorge der Zeitnehmer, daß der beobachtete Arbeiter bei einer Zeitaufnahme das Arbeitstempo künstlich bremse.

Man muß zunächst unterscheiden das Bremsen in der freien Arbeit, das heißt, absichtliche Minderleistungen etwa beim Tagelohn oder in der Tendenz, »gute« Akkorde nicht zu überschreiten, und andererseits das Bremsen bei der Arbeits- und Zeitstudie, das heißt, eine künstliche Verlangsamung nur bei dieser Gelegenheit. Erst wenn man diese beiden Situationen genau unterscheidet, gewinnt man die richtige Einstellung.

Das erstere ist rasch erledigt. Es handelt sich dabei gewöhnlich nicht um ein Bremsen, sondern um ein »Trödeln«. Beobachtet man unauffällig Arbeiter, die absichtlich gemütlich

---

41 In durchlochte Kartonstreifen werden Papierstreifen eingezogen; die ganze Arbeit wird in automatischer Registrierung auf eine Arbeitsschauuhr aufgezeichnet.

arbeiten, so zeigt sich die Herabsetzung des Arbeitsquantums viel weniger in einer Verlangsamung der eigentlichen Arbeitsgeschwindigkeit als in dem längeren und häufigeren Pausieren. Es werden zwischen die einzelnen Teilarbeiten mehr oder weniger lange Pausen eingelegt, der Arbeitsplatz verlassen, ein Gespräch angeknüpft und so weiter. In meiner Invalidenwerkstätte war zum Beispiel das Hingehen zum Schleifstein besonders beliebt, wenn er bereits besetzt war. Es warteten da gewöhnlich immer drei oder vier Männer. Oder aber man beginnt schon vor Schluß mit dem Aufräumen, kramt in der Schublade herum, sucht den Meister und so weiter. Bei körperlicher Arbeit kann man beobachten, daß Schweißabwischen, das Anzünden der Pfeife und so weiter Pausen einleiten, die sich dann mehr oder weniger lang ausdehnen.

Derartige Faktoren fallen bei der Zeitaufnahme, falls es sich nicht um einen ausdrücklich opponierenden Arbeiter handelt, fort, beziehungsweise sie werden als solche erkannt und beeinflussen das Ergebnis der Zeitstudie nicht.

Wie ist es aber nun mit dem eigentlichen Verlangsamen der Arbeitsbewegungen selbst? Es zeigt sich zunächst bei körperlich anstrengender Arbeit ein Verlangsamen allein aus »Bequemlichkeit« nur in besonderen Fällen, weil jede belastete Muskelkontraktion um so schwieriger ist, je langsamer sie erfolgt. Ich erinnere an den einfachen Klimmzug am Reck; je langsamer dieser ausgeführt wird — der berühmte »militärische« Klimmzug — desto anstrengender wird er.

Nehmen wir das Schaufeln. Wird das Schaufeln nach dem schnellen Schleuderprinzip ausgeführt, so ist es viel müheloser, als wenn langsam »getragen« wird. Man kann sich das beste Bild darüber machen, wenn man auch hier experimentell vorgeht. Man braucht doch nur einer Reihe von guten Versuchspersonen den Auftrag zu geben, einfache Hantierungsarbeiten künstlich zu verlangsamen. *Man überzeugt sich dann bald davon, daß das Verlangsamen nicht »einfach«, sondern unter Umständen sogar recht »schwierig« ist.* Man kommt immer wieder in das natürliche oder »habituelle« Tempo hinein. Oft gelingen die Verlangsamungen nur durch ausdrückliches Trainieren, worüber bei der Besprechung der Exaktheitsarbeit schon früher einiges gesagt wurde.

Fernerhin zeigt sich, daß das Verlangsamen den ganzen Tenor der Arbeit ändert, so deutlich, daß es selbst einem ungeübten Beobachter auffällt. Ich habe gerade darüber als Nervenarzt viel Erfahrung sammeln können, weil die Einstellung der Unfallsneurotiker ausgesprochen die ist, den Prüfer über die wahre Arbeitsfähigkeit zu täuschen. Die Verlangsamung dieser »Rentenfälle« sind so charakteristisch »unnatürlich«, daß sie auch vielen Nichtärzten sofort als »Getue« erscheinen.

Meiner Erfahrung nach ist der umgekehrte Fall, daß die Arbeiter bei der Arbeits- und Zeitstudie ihr Tempo beschleunigen, viel häufiger.

Das hängt mit der ganzen Situation des »Geprüftwerdens« zusammen und ist psychologisch durchaus verständlich. Mit Bedacht ist daher im Kapitel 5.7 das Beispiel gewählt, daß der Zeitnehmer nicht etwa auf Schneller-Arbeiten drängt, sondern im Gegenteil auf das dem Arbeiter »eigene« Tempo. Sonderbarerweise ist eine Beschleunigung der Hantierungen sogar dann zu beobachten, wenn eine ausgesprochene Unlust gegenüber dem Beobachtetwerden vorhanden ist. Ich habe selbst erlebt, daß bei experimenteller Schwerarbeit gerade Leute, die darüber schimpften, in eine gewisse Erregung gerieten, und daß diese Erregung in einer deutlichen Beschleunigung der Arbeitsleistung herauskam.

Teilweise sind Beschleunigungen dieser Art aus der allgemeinen Tendenz der Menschen erklärlich, unliebsame Arbeitssituationen möglichst bald zum Abschluß zu bringen. Immer wieder kann man bei experimentellen Arbeitsprüfungen beobachten, daß gerade die Unlust, etwa über das fortgesetzte Rechnen mit einfachen Zahlen, dann zu einer Beschleunigung des Arbeitsprozesses führte, wenn die Aufgabe darin bestand, eine bestimmte Arbeitsmenge zu erledigen. Ganz im Gegensatz zu auftretenden Verlangsamungen, wenn nicht eine gleiche Arbeitsmenge, sondern eine gleiche Arbeitszeit hindurch gearbeitet werden sollte.

Ich rate also, dem Verdacht des Bremsens keine so große Bedeutung beizulegen. Das ist schon deshalb zu empfehlen, weil ein beim Zeitnehmer aufkommendes allzugroßes Mißtrauen, das sich natürlich dem Arbeiter gegenüber nur sehr schwer verbergen läßt, sehr viel Schaden stiftet.

Wenn also die Befürchtung, daß bei der Zeitaufnahme künstlich gebremst werden könnte, hinsichtlich des Tempos nicht schwerwiegend ist, so ist auf ein anderes Verhalten um so mehr zu achten, das im Endeffekt ebenfalls zur Verlängerung

131

der Zeit führt: Ich meine die Neigung, zusätzliche Hantierungen auszuführen, die nicht nötig sind und die auch, wenn der Zeitnehmer nicht mehr zugegen ist, nicht mehr angewendet werden. Das Beispiel in Kapitel 5.7, das den »schwierigen« Fall der Zeitaufnahme schildert, geht von der ausgesprochenen Absicht aus, den Zeitnehmer in Verlegenheit zu bringen. So kraß verlaufen die Situationen in der Praxis selten, doch ist sehr wohl daran zu denken, daß ein Arbeiter, der den Zeitnehmer neben sich sieht, aus dem Konzept gebracht wird und deshalb »mit Überlegung« statt »in natürlichem Vollzug« arbeitet und dabei umständlicher ist, als er es ohne Anwesenheit des Zeitnehmers wäre. Gerade, weil er alles ganz richtig machen will, macht er es kompliziert. Der Zeitnehmer sollte sich daher die Fragen vorlegen:

1. Muß der Handgriff (oder der Weg und so weiter), den der Arbeiter jetzt macht, überhaupt getan werden?
2. Muß der Handgriff und so weiter gerade s o gemacht werden, oder könnte er auch anders sein?
3. Wie ist das Tempo der Handgriffe zu beurteilen?

6.7 Erprobt man neugestaltete Arbeitsverrichtungen, so tritt oft zu Anfang ein scheinbarer Mißerfolg auf

Bei der Rationalisierung kommt es häufig vor, daß man einzelne Arbeitsoperationen auf Grund der Zeitstudie nur teilweise abändern kann.

Läßt man nun den Arbeiter im abgeänderten Verfahren arbeiten, so stellt sich zunächst heraus, daß der erwartete Erfolg, etwa Zeitverkürzung, ausbleibt. Durch einen solchen anfänglichen Mißerfolg darf man sich aber keinesfalls abschrecken lassen, weiter in der angegebenen Richtung fortzuschreiten, denn wie die Analyse zeigt, ist der Mißerfolg nur scheinbar.

Es entspricht den Gesetzen der Übung, daß dann, wenn eine Arbeit, deren zeitliche Aufeinanderfolge zur Gewohnheit geworden ist, abgeändert wird, dies nur gegen den »Widerstand der Gewöhnung« geschieht. Das Neue muß gegen das Alte arbeiten und wird selbstverständlich dadurch verlangsamt.

Ein Beispiel: Ein Arbeiter hatte Papierstöße großen Formates in Pakete einzuschlagen und diese zu verleimen. Die Analyse ergab eine vermutete Verkürzung dieser Arbeit

1. durch eine andere Reihenfolge der Hantierungen,
2. durch die Aufstellung von zwei Leimtöpfen links und rechts mit zwei Pinseln.

Die Zeitaufnahme des neuen Arbeitens ergab aber eine deutliche Verlangsamung. Wie die Beobachtung zeigte, lag die Ursache für diese Verlangsamung zunächst darin, daß der Arbeiter — es war ein Schwede und ich konnte mich sprachlich nicht gut mit ihm verständigen — etwas opponierte. Das Neue »lag ihm nicht«. Ferner konnte man immer wieder sehen, daß er in die alten Methoden zurückfiel, also zum Beispiel den linken Leimtopf, der näher stand, ignorierte und den rechts stehenden Leimtopf benutzte. Wir ließen die Versuche ungefähr eineinhalb Stunden fortsetzen und hatten dann eine deutliche Beschleunigung in der Zeitaufnahme. Nachdem der Mann aber dann eine weitere Stunde in Ruhe gelassen worden war, stellte sich heraus, daß er wieder in seine alten Arbeitsmethoden zurückgefallen war.

Dieselbe Erfahrung machten wir in einer Schraubenfabrik, wo Mädchen gleichzeitig sortierten und packten. Als wir nur sortiertes Material packen ließen, das heißt also, den Teilfaktor des Sortierens aus der Arbeit herausließen, ergab das gegen jede Erwartung eine Verlangsamung. Es handelte sich eben dabei nicht um Auslassen einzelner Arbeitszeiten, sondern um eine andere »Struktur« der Arbeit. Man konnte immer wieder beobachten, daß die Mädchen doch sortierten, das heißt, die Schrauben vor dem Packen auf Qualität prüften, statt, wie vorgeschrieben, ohne Qualitätsprüfung nur mechanisch zu verpacken.

Die Zeitstudie ergab danach auch keine Beschleunigung des Arbeitsprozesses. Das hat uns aber keinesfalls abgeschreckt und von dem, wie wir später sahen, erfolgreichen Trennen der beiden Funktionen abgebracht. Nach achttägiger Übung war eine erhebliche Beschleunigung im neuen Verfahren auch bei Arbeiterinnen erreicht, die auf das alte Verfahren jahrelang »eingeschliffen« waren.

Übrigens raten wir die Konsequenz aus dieser Erfahrung auch der Praxis. Macht man Vorstudien, so ist es unter Umständen sehr praktisch, hierzu nicht Arbeiterinnen zu nehmen, die bereits auf eine bestimmte ähnliche Arbeitsart eingestellt sind, sondern bisher nichtbeschäftigte oder solche Arbeiterinnen zu verwenden, die von einer anderen Tätigkeit hergeholt werden.

Einen ähnlichen Fall anfänglichen Versagens erlebte der Bearbeiter in einer großen Kammgarnspinnerei. Er schlug vor, eine Tätigkeit, die seither im Stehen ausgeübt wurde (das sogenannte Docken) im Sitzen machen zu lassen, nachdem die Apparatur für sitzende Arbeit umgewandelt worden war. Die Frauen und Mädchen waren überhaupt nur zu bewegen, die neuen Arbeitsplätze einzunehmen, als man ihnen versprochen hatte, daß sie nach 14 Tagen wieder an ihre alten Plätze zurückkehren dürften, wenn sich herausstellen sollte, daß keine Erleichterung zu verzeichnen wäre. Hätten wir das Versprechen nicht gegeben, so wäre dieser Versuch als »erwiesenermaßen« gescheitert zu den Akten gelegt worden, weil die Mädchen anfangs mehr das Ungewohnte als das Entlastende empfanden. Aber schon nach einer Woche gab die eine oder die andere zu, daß »es an dem neuen Platz nicht schlechter wäre, als an dem alten«, und bald bestätigten einige, daß ihnen abends die Füße nicht mehr so weh täten.

Inzwischen sind viele Jahre vergangen, und fast jedes Mädchen, das die Wahl hat, — es bestehen heute noch beide Möglichkeiten nebeneinander, was ich für eine nachahmenswerte Taktik halte — entschied sich für die Sitzarbeit bzw. das abwechselnde Stehen oder Sitzen.

6.8 Der Rationalisierungs-Ingenieur muß sich stets vor Augen halten, daß das eigentliche Ziel der Technik die Überwindung der Arbeitsrationalisierung zugunsten völliger Mechanisierung darstellt

Dieser Satz, obwohl nicht »arbeitspsychologisch«, wird deshalb ausdrücklich aufgeführt, weil er auch geeignet ist, eine zum Schaden der Sache führende Überschätzung der Zeitstudie und des Arbeitsrationalisierens zu verhüten.

Es ist gar nicht selten, daß eine Arbeitsuntersuchung, die zum Zwecke der Zeitstudie, der Arbeitsrationalisierung vorgenommen wird, schließlich weit darüber hinaus zu dem Ergebnis einer völligen Mechanisierung der betreffenden Arbeit führt, wodurch alles das, was zeitstudienmäßig gestaltet wurde, beiseitegeschoben wird. Man soll hierin nicht etwa, wozu der Zeitstudie abholde Praktiker neigen, einen »Mißerfolg« sehen. Im Gegenteil: Analysiert man, so kommt man zu dem sehr wichtigen Ergebnis, daß die Wege zur völligen Mechanisierung gar nicht gefunden worden wären, wenn nicht vorher die genaue Arbeitsanalyse die Aufklärung gebracht hätte.

Ich erlebte einen solchen Fall in einer Nadelfabrik, wo nach heißem Bemühen, unter Zuhilfenahme von Zeit- und Bewegungsstudien, eine Ersparnis von schätzungsweise 15 Prozent winkte. Der Betrieb aber, angestachelt durch unser Vorgehen, ersann eine Spezialmaschine, die das Vierfache der Produktion zu liefern verspricht, dabei aber von der Güte der Arbeiterin unabhängig ist. Mag in diesem Fall die Arbeitsanalyse selber oder aber der »Wettkampf« Motiv gewesen sein; Tatsache ist, daß, wenn wir nicht an die Zeitstudie und Arbeitsrationalisierung herangegangen wären, die Ausarbeitung der automatischen Maschine vielleicht in sehr ferne Zukunft geschoben worden wäre.

Der kluge Arbeitsgestalter tut gut, solche Fälle sogar vorauszusagen; es bleibt immer noch viel an Erfolg für die Arbeitsrationalisierung übrig. Im Gegenteil, er wird oft Gelegenheit haben, die starke Mechanisierungstendenz der Betriebe, die wesentliches Zukunftsziel darstellt, zu fördern.

6.9 Bei der allgemeinen Einführung der wissenschaftlichen Betriebsführung handelt es sich weniger um die objektiven Maßnahmen als solche, als um eine seelische Umstellung des ganzen Betriebes

Es gibt, so wie es die einzelne Psyche einer Persönlichkeit gibt, auch eine »Persönlichkeit«, einen Geist des Betriebes. Wer so viel in Betrieben herumgekommen ist wie ich, der gewinnt allmählich die Fähigkeit, schon nach ganz kurzem Besuch die Betriebseigenart festzustellen. Für uns ist am wichtigsten der psychologische Unterschied zwischen »Betrieben mit Rationalisierungswillen« und »Betrieben ohne Rationalisierungswillen«.

Die Aufgabe des Rationalisierungs-Ingenieurs ist, sieht man die Dinge recht, nicht so sehr, daß er einzelne Maßnahmen der Rationalisierung aneinanderfügt, sondern daß er den ganzen Geist des Betriebes im Willen zur Rationalisierung erfolgreich zu beeinflussen versteht.

Ich komme mit diesen Schlußsätzen wieder zurück auf meine anfänglichen Ausführungen: Betriebswissenschaft und Rationalisierung sind viel weniger »spezielle Methoden« als eine ganz bestimmte seelische Tendenz, mit allen erreichbaren Mitteln die Leistung zu steigern, die Arbeitsverhältnisse zu verbessern.

Nur dann, wenn der gesamte Betriebsgeist sich auf Rationalisierung einstellt, ist auch von der einzelnen Rationalisierungsmaßnahme Erfolg zu erwarten. Es ist ganz selbstverständlich, daß dann, wenn etwa an einzelnen Plätzen rationalisiert wird, im übrigen aber althergebrachter, gewohnheitsmäßiger Schlendrian herrscht, auch die Wirkung des einzelnen sehr bald verlorengeht. Andererseits ist ebenso sicher, daß dann, wenn es gelingt, den Geist des Betriebes auf den Fortschritt einzustellen, auch wenige Rationalisierungsmaßnahmen schon die Wirkung des Beispielhaften haben und dann über den an einzelnen Arbeitsplätzen kleinen Nutzen weit hinausgehen.

Mit aller Offenheit sei zuletzt noch die Hauptschwierigkeit für den Zeitnehmer besprochen, die, soweit ich sehe, in der ganzen Literatur übergangen worden ist: D i e S c h w i e - r i g k e i t e n für den E r f o l g d e s R a t i o n a l i s i e - r u n g s - I n g e n i e u r s l i e g e n s e h r v i e l w e n i - g e r bei den U n t e r g e b e n e n oder bei den Arbeitern, a l s b e i d e n h ö h e r e n V o r g e s e t z t e n. Das mag daher kommen, daß die Arbeit des Zeitnehmers, wenn sie erfolgreich ist, objektiv eine unter Umständen sehr erhebliche Kritik an der Güte der vorhandenen Einrichtungen bedeutet. Ist keine Gelegenheit zur Beanstandung da, dann handelt es sich entweder um einen Musterbetrieb — nun, dann ist es gut — oder aber um einen schlechten Arbeitsstudienmann. Es liegt nun einmal zutiefst im Menschen begründet, daß er Kritik schlecht vertragen kann. Und das ist die schwere Klippe für den Arbeitsstudienmann. Er soll den Betriebsleiter davon überzeugen:

1. daß er — der Arbeitsstudienmann — es besser weiß,

2. daß der Betriebsleiter so lange nichts gemerkt hat,

3. daß das und das schlecht ist, was doch mehr oder weniger auf Anordnungen der Betriebsleitung zurückgeht.

Daß Rationalisierungsmaßnahmen aus dem einfachen Grunde auf dem Papier stehenblieben, weil die oberen Vorgesetzten »verschnupft« waren, ist erklärlich.

Ganz besonders findet man das Unterbleiben von Rationalisierungsmaßnahmen bei unpersönlichen Industrieunternehmungen; besser sind die Verhältnisse bei mittleren und kleinen Betrieben, wo der Betriebsinhaber Gewinn und Verlust viel fühlbarer am eigenen Leib spürt und etwa darüber in Sorge ist, ob er sein Unternehmen dem Nachfolger in bestem Zustand hinterlassen kann.

Für alle Persönlichkeiten, die sich ernsthaft und ehrlichen Herzens um die menschlichen Probleme in den Betrieben bemühen, soll Leitsatz die psychologische und gleichzeitig objektive Denkweise sein. Und diese zeigt uns, daß uns allgemein eine weitere und breitere Entwicklung unserer Fähigkeit zum sachlichen Vorteilsdenken im guten Sinne recht gut tun würde. *Der ganze Führungsstab eines Betriebes muß sich darauf einstellen, dem »sachlichen Vorteilsdenken« gegenüber der »kleinlichen, selbstischen Auffassung der Dinge« zum Siege zu verhelfen.* Das ist die schwerste Aufgabe, schwerer als richtige Zeiten zu stoppen, Akkorde festzulegen oder Rentabilitätsberechnungen aufzustellen.

Trotz aller Schwierigkeiten die Freude an seinem Beruf zu behalten, ist schwer, und es gelingt nur dem, der sich bewußt ist, daß es zwar Tagesaufgabe ist, um R e n t a b i l i t ä t zu kämpfen, die sich in Geld ausdrückt, aber daß er auch Träger eines Lebenszieles ist; des Zieles der Rationalisierung, welches in seinem tiefsten Inhalt ein durchaus sittliches ist.

Primitives Rechtsgefühl empfindet es als Sünde, wenn jemand Brot in den Schmutz wirft, weil das weggeworfene Brot einem hungrigen Menschen Sättigung hätte bringen können. Einfache Überlegung zeigt, daß es doch genau dasselbe ist, wenn irgendeine Arbeitsleistung mit verschwendeten Minuten getan wird.

Allgemein durchgeführte Rationalisierung würde zwar nicht das menschliche Glück vermehren, aber den Verstand über die Maschine stellen, und das ist es, was letzten Endes Wesen der Führungsarbeit ist und nicht die fünf Minuten hier und die zehn Sekunden da, die für den »Profit« eingespart werden. Darin scheint mir überhaupt das E t h i s c h e d e r   g e s a m t e n   R a t i o n a l i s i e r u n g s a r b e i t zu liegen, daß sie — richtig angewandt — ein I n s t r u m e n t z u r   H e b u n g   d e r   m e n s c h l i c h e n   W o h l f a h r t ist.

Arbeitsstudium und Management

Von Owen Gilbert

Aus dem Englischen übertragen von Hartwig Hupe
1971, 184 Seiten mit zahlreichen Abbildungen und Tabellen,
gebunden DM 26,–   ISBN 3 7938 7459 1

Um eine rationelle Organisation des Arbeitsablaufs zu gewährleisten, ist ein fundiertes Wissen um die Problemstellung und die verschiedenen Methoden des Arbeitsstudiums unerläßlich. Der Verfasser zeigt, wie gerade das Management durch praktische Anwendung arbeitswissenschaftlicher Grundsätze die Produktivität steigern und die Unternehmensorganisation zweckmäßiger planen kann, ohne an den Realitäten vorbeizugehen. Das Buch vermittelt allgemeingültige Erkenntnisse, ohne sich in Nebenfragen zu verlieren — hierfür sorgt die langjährige Erfahrung des Verfassers im Management großer Unternehmen.

Aus dem Inhalt: Arbeitsgestaltung: Rationeller Einsatz verfügbarer Mittel; Vorbeugen oder Heilen?; Graphische Darstellungen; Kritisches Auswerten; Praktische Verwirklichung / Arbeitszeitermittlung / Arbeitsbewertung: Gerechter Lohn; Arbeitsplatzgestaltung / Arbeitsstudium in der Praxis: Wartezeit in der Kantine; Arbeitsstudien im Labor; Instandhaltungsarbeiten; Terminplanung; Großprojekte; Leistungslohn / Mensch und Arbeitsstudium / Historischer Rückblick / Grenzen und Stärken des Arbeitsstudiums / Angrenzende Gebiete und zukünftige Entwicklung: Industrial Engineering und Production Engineering; Ergonomie; Operations Research; Productivity Services; Kraft kontra Geist; Tretmühle und Bauer; Roboter, Wachhund und Wissenschaftler; Wie soll eine Arbeit beschaffen sein? / Literaturverzeichnis.

Arbeitstechnik für Vielbeschäftigte
Wie man sich selbst entlastet

Von Dipl.-Psychologe E. Korff

3. Auflage 1970, 162 Seiten, gebunden DM 16,–   ISBN 3 7938 7414 1

Leicht verständlich beschreibt Korff, wie man sich durch Ordnung der Arbeitsmittel, der Arbeitsbedingungen, der mitmenschlichen Beziehungen, des Tätigkeitsablaufes und Ordnung „mit sich selbst" entlastet und einem vorzeitigen Kräfteverschleiß sowie Leistungsabfall vorbeugt. Die praxiserprobten Ratschläge dieses betriebskundigen Diplom-Psychologen sind „Medizin" für vielbeschäftigte Unternehmer, Führungskräfte und alle, die die Stufenleiter des Erfolges emporsteigen wollen.

Aus dem Inhalt: Leertischler und Volltischler / Von der äußeren Ordnung / Spezielle zeitsparende Methoden / Was im Peripheren geordnet gehört / Was im Zentralen geordnet gehört / Was im Privaten geordnet gehört / Was aus der Ordnung hervorgeht.

I. H. Sauer-Verlag · 6900 Heidelberg 1 · Postfach 1521

Handbuch der Gehaltsfestsetzung

Von Dr. E. Zander, Hamburg

3., neubearbeitete und wesentlich erweiterte Auflage
1972, 550 Seiten, Leinen DM 87,—

Taschenbuch
für betriebliches Informationswesen

Von Dr. E. Zander, Hamburg

1968 mit Nachtrag 1972, 180 Seiten, DM 14,—
ISBN 3 7938 7421 4
„Taschenbücher für die Wirtschaft", Band 13

Arbeits- und Leistungsbewertung

von Dr. E. Zander, Hamburg

1970, 298 Seiten, gebunden DM 38.—
ISBN 3 7938 7437 0

Führungssysteme in der Praxis

Von Dr. E. Zander, G. Grabner, Dr. H. Knebel, R. Pillat

1972, 256 Seiten, Leinen DM 46,—
ISBN 3 7938 7465 6

Taschenbuch für Führungstechnik

Von Dr. E. Zander, Hamburg

3. überarbeitete und erweiterte Auflage 1970
170 Seiten, DM 13,50
ISBN 3 7938 7411 7
Taschenbücher für die Wirtschaft, Band 3

I. H. Sauer-Verlag · 6900 Heidelberg 1 · Postfach 1521